I0707376

Vislumbres del
sector cultural

Santos Guzmán López
Rector

Juan Paura García
Secretario General

José Javier Villarreal
Secretario de Extensión y Cultura

Antonio Ramos Revillas
Director de Editorial Universitaria

Dirección de Editorial Universitaria
Padre Mier No. 909 poniente, esquina con Vallarta
Centro, Monterrey, Nuevo León, México, C.P. 64000
Teléfono: 818329 4111
e-mail: editorial.uanl@uanl.mx
Página web: editorialuniversitaria.uanl.mx

Vislumbres del sector cultural
©Lectorum, 2023

Inmune al desaliento

Angélica Abelleyra y Silvia Isabel Gámez

El sector cultural es un universo rico, contradictorio y polémico, proclive tanto al escrutinio como al desdén. Eduardo Cruz Vázquez ha sido un observador constante y un intérprete de sus entresijos, mediante la investigación acuciosa y la crónica adicionada con cierto desparpajo y acidez.

Desde hace unas cuatro décadas, ya fuera en sus pininos reporteriles, en las filas de la gestión institucional, de la diplomacia cultural, en la asesoría independiente o en la animación de colectivos académicos y periodísticos ligados por la amistad, el autor se ha dado la libertad absoluta de delinear el sector cultural desde el territorio de la escritura. Con su pluma, Eduardo reporta, opina, visualiza, siempre critica.

Perseverar en la reflexión sobre el sector cultural en un país que siempre tiene otras tareas urgentes que resolver, no se sabe si es mérito o terquedad. Que lo juzguen las personas que lean estas páginas. Pero si nos preguntan a quienes lo conocemos, diríamos que es una mezcla de ambas cosas. ¿Cómo no va a ser meritorio insistir en la idea de que la cultura como pilar del desarrollo es posible, pese a la ceguera de los sucesivos gobiernos? ¿Y cómo no va a ser obstinado si, con los números en la mano, se ve obligado a explicarlo nuevamente cada sexenio?

En un escrutinio con cierto humor ácido, más agrio que dulce, Eduardo pone en su mira los números y las condiciones de desarrollo cultural tanto en Oaxaca como en Tijuana, Los Ángeles y Nueva York.

Amplía su mirada y toma como pretexto a una gestora, un narrador o un informe gubernamental para entrelazar realidades y distancias entre el sector cultural de nuestro país y los de España, Estados Unidos o Canadá.

Pareciera que nuestro amigo es inmune al desaliento. Se enfrasca en análisis, desmenuza cifras, se embarca en lo que llama "arqueología cultural" y, con su estilo ameno y persuasivo, nos muestra en este libro el contexto cultural que rodeó la amistad y los desencuentros de Carlos Fuentes y Octavio Paz, hace una radiografía de las empresas culturales del país, y nos desvela la pujante economía del Auditorio Nacional.

Le importan los microscopios porque, a través de esa cercanía, pregunta sobre la salud de los enormes cuerpos culturales; no solo estatales y públicos, sino también los privados y civiles que congregan a mecenas (pocos), empresas (copiosas y, sin embargo, desinteresadas de "lo cultural") y numerosas iniciativas ciudadanas que dan respiro o implican resistencias y dolores de cabeza, pero que animan en conjunto la vida de que lo se llama con más soltura "sector cultural".

En el otro extremo, a Eduardo le atrae la observación de lo macro en los paisajes. Lee, subraya, pregunta, narra; solicita datos mediante mecanismos de transparencia, pone su grano de arena en los dimes y diretes de las grillas y polémicas, trabaja con los archivos y la memoria propia y ajena; reelabora refranes, frases ingeniosas y dichos populares que seguramente provocarán risas, quizás muecas, pero no indiferencia.

Como coordinador del Grupo de Reflexión sobre Economía y Cultura (GRECU), que en junio de 2023 cumplió catorce años de proyectos, iniciativas y, sobre todo, fraternal convivencia entre un grupo de camaradas reunidos bajo su llamado, ha sido un generador de ideas, un amigo solidario, y alguien que, con su calidez, ha logrado aglutinar profesionales de distintas ramas, a la vez que ha propiciado un espacio crítico donde sus integrantes debaten con seriedad sin perder el buen humor.

Eduardo es constructor de rompecabezas porque no solo desgrana acontecimientos, festejos y actividades en cada gobierno mexicano desde 2000 a 2018, el corazón de este libro; ni se limita a relatar las agendas culturales de los tres sexenios —de los panistas Vicente Fox y Felipe Calderón, y del priista Enrique Peña Nieto, con un énfasis casi adivinatorio del presente cultural en la administración cuatroteísta de Andrés Manuel López Obrador—; también le pone sal a su relato con el temperamento de cada época, con los desatinos y carnicerías presupuestarias, con los logros y pendientes; ofrece los contextos que dieron origen a una iniciativa legislativa, algún proyecto financiero, un informe económico o una carta de protesta.

Es buscador de coordenadas para hablar, con conocimiento de causa, sobre ingeniería financiera, los mercados culturales, las gráficas y la numeraria que conforman la estructura tan escasamente indagada y comprendida todavía del sector cultural.

Porque cuando a los datos se les da un cuerpo nos auxilian en la ardua tarea de la comprensión y la persistencia del interés; se abona a nuestra participación lectora para disentir, refutar o hacer nuestro propio examen de lo que previamente se abordó. Eduardo alienta, entonces, la horizontalidad de la información, la democracia del análisis y la generosidad para entender en conjunto las realidades de "lo cultural".

Si es economista, le interesará conocer estas cifras; si es periodista, encontrará trenzados en la reflexión múltiples temas para explorar, y si no es ninguna de las dos cosas, emergerá de la lectura con un conocimiento del sector cultural que solo puede proporcionar alguien que, como Eduardo, lleva décadas, ya lo decíamos, obstinado en analizarlo e interpretarlo. Una cruzada a la que también ha contribuido su trayectoria profesional, pues como se apuntó, ha pisado las arenas públicas y privadas, conoce al monstruo por dentro, y difícilmente podrían llevarlo al baile, salvo que ese día tenga ganas de desgastar las suelas.

"Lo cierto es que el sector cultural sí tiene su propia historia". Con esta frase, el autor cierra su primera entrega en este libro cuando reseña *México. La novela*, de Pedro Ángel Palou. Y sí, este universo tiene sus haberes, quereres, escollos, lagunas, brechas, luces, logros y también enormes pendientes ante los cuales está Eduardo para advertirlos, hacerles preguntas y, después, escribirlo todo.

Nota introductoria

Eduardo Cruz Vázquez

En la edificación de la historia siempre hay temas pendientes. Uno de ellos refiere al sector cultural de México. Un relato que, disperso, acompaña a nuestro país desde sus orígenes. Hablamos de la narrativa que se construye desde los sectores de la producción que dan sentido al desarrollo de la nación.

Muchos esfuerzos se han encaminado para contar, por ejemplo, la evolución del comercio, tanto interior como exterior; pensemos en los sectores de la construcción, la agricultura y las manufacturas. En otras piezas del mismo tablado, la actividad turística, científica y de gobierno. Desde todos los puntos donde se genera investigación y conocimiento hay cuerpos académicos, buenos o insuficientes apoyos para llevar a cabo estudios, instituciones de educación superior, centros de tal o cual vocación, colegios, fundaciones privadas y organismos internacionales.

No ha sido el caso para tejer la historia del sector cultural. No confundamos: una cosa es tener compendiada, casi hasta la saciedad, la historia de la literatura, el teatro o el cine, y otra cosa es contarla desde su función en la economía del país. No apelo en exclusiva a un ramal, medianamente reconocido a pesar de numerosos empeños, llamado economía cultural. El abordaje sectorial de los procesos culturales que han forjado a la nación demanda, como es el fenómeno mismo de la ciencia histórica, de una lectura transversal y multidisciplinaria.

A la nutrida como espectacular vida del sector cultural mexicano le ha faltado pegamento vocacional, académico, metodológico, de relaciones institucionales, de financiamiento y de textura pasional para ponerlo en el lugar que merece. Parte de la tarea para intentar armar un mediano bosquejo ha corrido por cuenta de un pequeño grupo de hacedores, sobre todo en la cancha del periodismo.

De esos empeños he dado cuenta a lo largo de muchos lustros dedicado a reportear como analizar el sector cultural. Docenas de páginas escritas, conferencias, talleres, ciclos temáticos, diplomados, activismo público, libros colectivos y como autor. Por ello y no por falta de espacio y reconocimiento, no habré de volver a hacer la reseña. En este puño que caben, lo que sí diré es que su labor está en mi valoración como en mi aprecio.

En el ya bastante largo trajín que llevo en estos afanes, hay momentos culminantes. Uno de ellos, la actitud decidida, a pesar de múltiples obstáculos, de emplear todas las herramientas del periodismo para armonizar una narrativa sobre el sector cultural. Luego, mi amada comunidad del Grupo de Reflexión sobre Economía y Cultura (GRECU), con más de 14 años juntos al momento de escribir estas páginas.

Otro momento es la puesta en línea del portal que ostenta como lema hacer *Periodismo del sector cultural al estilo GRECU:* Paso libre, donde se concentra mi ejercicio periodístico desde julio de 2019. Uno más, tiene que ver con mi libro *Sector cultural. Claves de acceso* que, coeditado por la Universidad Autónoma de Nuevo León (UANL) y Editarte Publicaciones en 2016, constituye un referente especial, en el conjunto de mis libros, que se conecta con la obra que tiene el lector en sus manos: *Vislumbres del sector cultural.*

Si una de mis constantes como profesional del periodismo, la gestión y la diplomacia culturales es la de reunir en objetivos comunes a numerosos grupos de protagonistas de estos quehaceres, otra es decantar nota tras nota —lo digo sin insolencia— mi base conceptual para instrumentar el análisis sectorial.

De esta forma *Vislumbres del sector cultural* alude a lo que significa la lectura en su conjunto: casos ilustrativos para saber de la historia y situación del sector cultural. La obra se integra a partir de una selección representativa de las tendencias del análisis que he desarrollado a través de reseñas de libros, entrevistas, reportajes, críticas, investigación documental, como histórica y mediante una encuesta.

Salvo las excepciones que a continuación se señalan, los diferentes textos han sido publicados en los años recientes en Paso libre, pero revisados como ajustados para efectos de la antología que constituye *Vislumbres*. Como todo compendio de obra, he cuidado que del cabo al rabo los lectores caminen una ruta consistente a la vez que generadora de interés por llevar adelante sus propias conjeturas, hallazgos, por la indagación de otros trabajos míos y sobre todo la posibilidad de apasionarse por el lugar que merece el sector cultural.

La compilación gira en tres ejes: algunos elementos históricos identificables del sector cultural, el análisis de coyuntura y el reportaje dotado de fuentes tanto documentales como estadísticas de diversa naturaleza. Por ello, el libro se divide en tres apartados.

1. Atisbos del sector cultural en la historia de México. Incorpora el serial realizado a partir de *México. La novela* de Pedro Ángel Palou (Planeta, 2022); de *Estrella de dos puntas. Octavio Paz y Carlos Fuentes: crónica de una amistad* de Malva Flores (Ariel, 2020) y de *Carmen Balcells, traficante de palabras*, de Carme Riera (Debate, 2022).

2. Singularidades del análisis sectorial. En esta sección van las *Notas básicas para la comprensión del Retablo de empresas culturales en 2017* del reportaje *Retablo de empresas culturales. Un acercamiento a la realidad empresarial del sector cultural de México*, dado a conocer en ese año.

Un segundo texto de este apartado es el *Carrusel al filo de la 4ª Transformación (4T): lluvia de cifras, tanteos, aproximaciones, escenarios, numerales para vivir el otoño e invierno* escrito semanas antes del cambio de gobierno de Enrique Peña Nieto a Andrés Manuel López Obrador.

En seguida se leerá el reportaje *Los papeles del Auditorio Nacional; ¿rescate a la vista?* fruto de documentos obtenidos para revelar la situación financiera del recinto que opera como fideicomiso privado siendo una empresa paraestatal.

La cuarta entrada es el serial *4T: el derrumbe que apalanca un nuevo sector cultural* en el que se analiza las condiciones del sector cultural en los primeros tres años del gobierno de López Obrador.

Un quinto escrito es el análisis *Sector cultural: 3 años con AMLO*, realizado a partir de la actualización de la Cuenta Satélite de la Cultura al 2021, con el propósito de dejar constancia de los grandes datos estadísticos de los primeros tres años del gobierno del mandatario tabasqueño. Vale subrayar que al aparecer esta obra no pocos de esos datos habrán sido ajustados por el cambio de año base del Sistema de Cuentas Nacionales de 2013 a 2018. Eso no se traduce, de ninguna manera, en la pérdida de oportunidad del análisis.

Cierra esta sección *México/Estados Unidos/California/Canadá: mercados culturales*, basado tanto es estadísticas del INEGI como del *Informe de economía creativa de California* de 2022 que fue realizado por la consultora CVL Economics a solicitud del Colegio de Arte y Diseño "Otis", con sede en Los Ángeles, California.

3. Tendencias a futuro en el análisis sectorial. Los *Vislumbres* culminan con un extracto del reporte *Sector cultural en Baja California: una historia propia* que me fue encomendado por la Secretaría de Cultura del Gobierno de Baja California entre julio de 2022 y enero de 2023. Se llevó a cabo con el propósito de elaborar una caracterización del sector cultural de la entidad, misma que sirviera de insumo para la integración del Programa Sectorial de Cultura 2023-2027.

El anterior reporte es, sin duda, el mayor esfuerzo que he realizado por llevar todo mi oficio centrado en una entidad federativa, sin dejar de reconocer por ello, lo mucho que he escrito alrededor de diferentes estados de la República. En particular sigo celebrando lo que realicé al lado de mi amigo y colega GRECU Andrés Webster Henestrosa en 2011 cuando era secretario de las Culturas y Artes del Gobierno del Estado de Oaxaca: el Programa Sectorial de Cultura.

También es un tremendo orgullo seguir siendo autor de la Editorial Universitaria de la UANL. Una vez más, de la mano de su director y estupendo novelista Antonio Ramos Revillas, podemos enriquecer el acervo bibliográfico sobre el sector cultural. Una semilla que sembramos con nuestro gran amigo, el doctor Celso José Garza Acuña desde su etapa como director de Publicaciones hasta su periplo como secretario de Extensión y Cultura de la universidad.

Es por lo demás relevante tanto para la Editorial Universitaria, como para mi trayectoria como autor, aparecer en coedición bajo el reconocido sello editorial Lectorum, del generoso y brillante editor que es Porfirio Romo Lizárraga. Una alianza y también amistad que fue posible gracias a otro sensacional amigo de todos nosotros que es Alejandro Ordorica, también parte del GRECU, cuyo influjo en mi vida ha sido definitivo.

Y como advirtió ya el lector, soy inmensamente feliz de que dos grandes amigas y cómplices en el GRECU, Angélica Abelleyra y Silvia Isabel Gámez, hayan aceptado elaborar, a cuatro manos, la presentación de *Vislumbres del sector cultural*.

Andemos los caminos que les he traído a estas páginas.

Vida y sector cultural en
México. La novela, de Palou

1. Lecturas diferentes.

Inicio un paseo alrededor de *México. La novela*, de Pedro Ángel Palou (Planeta, 2022), escrita en 525 páginas. La obra me ha permitido encontrar un camino que ilustra el devenir de la llamada vida cultural y por ello del sector cultural.

Me refiero a rasgos característicos de numerosas actividades culturales, así como del catálogo simbólico que encierran. Son parte de la historia que narra de la Ciudad de México (CDMX) de su ser capitular en el desarrollo del país.

Del inicio a la última de las páginas, tomo citas. Busco subrayar algo de lo que más me entregó la obra para mis causas. Indico así los méritos desde el análisis que me mueve. De lo literario como de lo propiamente histórico, le sobrarán a Palou críticos que señalen su relevancia, como sus posibles desaciertos.

De arranque, convienen las coordenadas básicas, atenidos a la voz del autor.

En la relación de agradecimientos, fuentes relevantes, cómplices e información general al lector que, Pedro Ángel Palou, coloca al final bajo la denominación de *Guía de forasteros*, dice: "Esta es una novela histórica. El énfasis debería ponerse sobre el sustantivo: *novela*. Una obra de ficción que, buceando profundamente en los archivos, anales, crónicas se presenta como un nuevo documento sobre nuestro pasado. Ficción mental de una ficción verbal, ficción de ficción, eso es la literatura, piensa don Alfonso Reyes en su *Deslinde*".

Entonces, "La novela es el territorio de la libertad absoluta, y es con ese espíritu que este *México* fue escrito".

Por ello los hilos conductores en los personajes de Santoveña, Cuautle, Landero y Sefamí no son reales. "Las cuatro familias que nos guían, junto con muchas otras, y sus primos y sus hijos bastardos, y sus lejanos tíos, no existieron en los quinientos años del México que aquí se narra".

El tomo abre con los árboles genealógicos de las familias involucradas. Son tres partes. La primera va de 1526 a 1790, la segunda de 1803 a 1897 y la tercera, de 1910 a 1985. Además, se incluyen tres mapas.

Al dar por terminado el largo periplo los días posteriores al sismo del 19 de septiembre de 1985, Pedro Ángel Palou concluye con estas líneas: "La Ciudad de los Palacios y de los desastres, esa que Leopoldo y Tonatiuh compartirían con él si estuvieran juntos, si él no estuviera solo, en la biblioteca de su abuelo, revisando los grandes desastres de la Muy Noble, Leal y Muy Cabrona Ciudad de México. La ciudad muerta, sepulturera.

"Pero también la ciudad como ser vivo, enfermo y resucitado, muerto una y mil veces; la ciudad insepulta, la ciudad abrazo de millones de almas que, en lugar de gritar y golpearse, rescatan y ayudan. También esa ciudad de la que nadie habla, de la que nadie escribe.

"Contar y cantar esa otra historia, *nicantlami*".

La CDMX de Pedro Ángel Palou inicia y termina en tragedia. Lo hace con en el empuje de sus pobladores, pero ante todo en el empeño doloroso del vivir. A contrapelo, mucha de la felicidad de la novela es trazada por la riqueza cultural de una megalópolis en constante edificación.

Uno de los méritos de la novela es la crónica del poder de los códigos culturales, del ADN de lo nacional. Del tejido de la naturaleza, del agua, de las artes, la arquitectura, la ciencia, las humanidades, la tecnología, en fin. Es el viaje que veo de la vida cultural y del sector que le concierne.

La opulencia de *México. La novela,* de Pedro Ángel Palou, con todo su historial de importante escritor a cuestas, no es sólo el dominio de la historia, ni de las herramientas literarias.

Es el haber logrado un retrato lleno de emoción, como naturalmente inacabado de la cultura mexicana, la que da vida a una actividad simbólica, llena de gente que se moviliza para vivir de ella, para dar sentido de pertenencia al territorio del que se da cuenta.

2. En el viaje de la escritura el autor confecciona rutas para el gusto de sus lectores.

La extensión de la obra permite, al andarla, coleccionar, cual expedicionista, lo que se hace entrañable, curioso, audaz y significativo para llevar agua al molino de una arquitectura posterior. Es lo que tiene que ver con lo que alecciona.

Las veredas de México rebosan de expresiones que operan como declaraciones, aforismos o sentencias alrededor de ciertos episodios.

Otras indican pulsos simbólicos como también dan chance de llevarlas a los campos de la imaginería artística e incluso de la economía cultural.

No menos atractivos son aquéllos pasajes que se emparentan con el pensamiento, al parecer oculto del autor, o que yacen como guiños en busca de ser atrapados.

Veamos lo siguiente como principio radical: "Seguirán llegando españoles como murciélagos, ciegos y rapaces, a ocupar cada vara de la ciudad".

Se suceden las páginas y van las capturas del largo historial sugerido: "Hay luna llena. Los españoles viven espantados con los que llaman aullidos de un alma en pena. Escuchan a una mujer penando y dicen que no ha podido irse al otro mundo (…) Los españoles la llaman la Llorona".

Lo que sigue es algo muy sorprendente: "Lo lleva a recorrer distintos pasajes de su vida: su primer viaje por la costa del Seno Mexicano (hoy golfo de México)".

"Lo que después se llamaría" se me antoja corregirle a Palou. Si hay algo fascinante en la cartografía es ver el inmenso mar como un seno. Recobrar este símbolo es genial. Si me apuran, es mejor que tener un Golfo en México.

Brinquemos a una mirada del ajuste de cuentas entre conquistadores y conquistados: "Los teules entienden de oro, de joyas, de lo que pueden vender. No de nuestros dioses, no de nuestros huesos".

En tal virtud, un principio esencial en disputa: "(…) y le mandó con un criado una vasija con forma de águila: 'Perteneció a tu padre, contiene un amoxtli que dibujó antes de morir. Cuídalo con celo, mujer, que es nuestra memoria'".

Muy temprano en el recorrido de Pedro Ángel Palou aparece lo que cobra papel de actor: la cultura impresa, su negocio, sobresaliente más en el rol de los periódicos que de los libros: "Tiene fama de sabio y buen lector. Y la tiene bien ganada. Nos hemos hecho cercanos y hemos acordado establecer una imprenta en estas tierras, que no de otra forma se propaga el saber".

Luego me encontré lo que bien cruza desde la etapa colonial hasta nuestros días (esa mata no para de dar): "—Soy un hombre de leyes, don Martín, no de gestas".

El Mestizo, así con mayúscula, es enjuiciado. Se defiende como en escena fílmica. Alega: "Honor y guerra, generosidad y protección. He dicho la verdad (…) Cordura y fortaleza. He dicho la verdad (…) Mesura y justicia. He dicho la verdad (…) Fidelidad y lealtad. He dicho la verdad".

Estamos en los balbuceos de los cimientos citadinos de la capital de la Nueva España, de los primeros trazos de la fusión que arrojará la megalópolis que hoy somos en la Ciudad de México, por mucho tiempo Distrito Federal, la capital mexicana: "Reconstruir lo construido. Esa sería la maldición eterna de la Nueva España, recoger sus pasos eternamente. Resarcir errores. Pedir perdón. Volver a empezar".

3. Tantos asuntos del pasado que vienen al dedillo.

Cuando extraemos las citas alumbran las constancias de los siglos citadinos: ciudad de inundaciones, terremotos, epidemias y eclipses que causan pánico.

Territorio de cometas que surcan supersticiones, de sequías, de trifulcas ciudadanas, de vida cultural, de comercio de bienes y servicios culturales, de oficios resistentes al tiempo, de violencia y discriminación.

"(…) que el agua fuera el peor enemigo de la ciudad".

La fórmula del paraíso y el infierno llamada puramente hache dos o: "¿Cómo controlar a tanta gente que necesita agua? (…) todo el comercio de la ciudad y los grandes traslados se hacían por agua".

Vaticinios y azotes: "Lleva su excelencia razón, un día esta ciudad amanecerá sepultada por las ruinas o por el agua".

Líquido vital que no apagaba los fuegos del cielo supremo, sentencias eclesiásticas para sacar provechos: "El tribunal del Santo Oficio quemará en la hoguera a trece judíos ya sentenciados. Nadie desea perderse el espectáculo (…) Algunos comerciantes vendían caramelos y otras viandas. En la esquina de la plaza una india ofrecía también champurrado y chocolate caliente".

Por fortuna, en la capital de la Nueva España cabe de todo, ayer como hoy. En una taberna se pasa la vida "con sus guitarras y arpas".

Tanto como en 1540: "Los burdeles también hacían un buen negocio. Muchos de ellos llenos de niñas indias".

Al relatar el detalle, sentencia el narrador: "Por las tardes de domingo se iba a la calle de Mesones, a buscar algún placer accesible, afuera de los portales de las casas de amor barato. Una rama de árbol colgada de la entrada para que no hubiese duda del género que allí se practicaba (…) A él le gustaba ayuntar con una a la que apodaban la Chinche".

En gustos se sacan ronchas.

El cosmopolitismo irrumpe en el cronicar de los personajes de Pedro Ángel Palou: "Los había de toda ralea: indios, mestizos, negros, mulatos, pero también chinos, lobos, zambo prieto, zarambullos, saltapatrás, todas las castas congregadas como a la puerta del infierno".

En ese grupo se identifican tareas: "Leonardo sí reconoce la misión de su señor, rescatar el archivo, la memoria, el recuerdo. Lo único que deja constancia de nuestra presencia en la Tierra".

Como de ese distante terruño del ser nacional a la fecha son ciertas bebidas "endémicas": "O habrá sido quizá el maldito, detestable y pernicioso pulque que beben en demasía y provoca la sodomía, el incesto, los robos, sacrilegios y otras abominaciones mucho mayores".

Además, el chinguirito, bebida "venenosa y mortal".

"No es la muerte, sino la enfermedad, la verdadera igualadora", agrega el hacedor de la novela para dejar constancia de esos años de dominio español. Es la etapa en la que "Además eran activos promoviendo celebraciones religiosas y proyectos filantrópicos para la comunidad".

Sí, pues, mecenas siempre han habido.

Pero en los muchos negocios que asoman en *México. La novela*, de Pedro Ángel Palou, nada como el trazo sorprendente de un sabroso a la vez que privilegiado quehacer: "La familia Landero era muy conocida en la calle Tacuba por su pequeña y hermosa panadería La Piedad".

Estas páginas huelen a pan blanco fino, *pan floreado* alecciona el autor poblano "a pambazos -panes bajos, a la letra-, a piezas marcadas con la insignia registrada de la casa, ya que era pena severa de vender pan sin marca".

Para que lo tengan presente los duchos abogados del segundo decenio del siglo XXI.

Delicioso remate: "Los Landero tenían permiso de hacer pan de sal, pero no de dulce, pues eso estaba reservado para los bizcocheros", los cuales se quedaron ausentes en cuerpo y alma en las páginas de *México*.

Todavía no sentaba sus reales ni la fecha celebratoria ni el pan de muerto, pero en el arte pictórico una labor era demandada: "Manuel, conmovido, había hecho traer a un pintor para que retratara a su hija. Quería plasmarla así, en su tránsito al más allá, para siempre. Vestida de blanco, coronada de flores. La muerte niña era un género en boga".

Tantos pintores mexicanos que siguieron la escuela.

Como se hizo costumbre un singular registro plástico de la hoy llamada cultura popular: "Cuautle mandó pintar seis exvotos en agradecimiento por los favores recibidos".

4. Seguir la pesca en 1753 y 1790.

El gigantismo de la urbe colonial, desde temprana edad, pone sobre los hombros de los habitantes la piedra intransferible aun siglos después: "A la mayoría, la Ciudad de México le parece insoportablemente ruidosa".

De los sonidos urbanos a las entrañas del ser musical hay un paso: "Lo contrataron, inicialmente, como violinista y compositor del Coliseo. El empresario que fue por él a Cádiz, Gaspar Santoveña, le permitió hacerse de una pequeña orquesta. Hizo el viaje con su mujer, sus hijos y diecisiete músicos".

Así es, no hay en ese periodo un Estado benefactor; hay mecenas, hay migraciones creativas. Las páginas de *México* muestran cómo la actividad musical, la vida cultural por extensión, el sector ya sembrado en lo esencial se mueve entre donantes, patrocinadores, aficionados, públicos, importación de bienes, saberes y operaciones comerciales.

Como también la obra constata los desastres: "Un primer teatro Coliseo se quemó en el año del Señor de 1722, un 19 de enero, después de la representación de una comedia de infausto título, *Ruinas e incendio de Jerusalén o Desagravios de Cristo*".

Impresiona en esta lectura el poder recrear los circuitos de la novedad en la oferta cultural y su consumo. Palou cuenta que enfrente del Coliseo Nuevo, hay una casa: "Han comprado el inmueble para que funcione como como una especie de escuela de música y canto para el teatro".

La tierra capital del futuro México se muestra abundante de oficiantes: "Sé que hay buenos músicos entre los esclavos y los mulatos".

Es generosa en espacios para la música sacra, no en vano el dominio de la iglesia: "Lo acompañaba Ignacio Pedroza, trompetista de la Catedral".

La asamblea de músicas es un hecho corroborable en nuestro devenir de ciudad, de país: "A un grupo de cantantes que tocaba sus seguidillas lo relevaron tres negros con sus cajones. El sonido rítmico, ascendente, único de esas percusiones lo trastornaba".

No es sólo el abanico de géneros y estilos. El baile y la pachanga son muy nuestros, alecciona Pedro Ángel Palou en su novela: "Se trataba del anuncio de una jamaica. A menos de dos cuadras de allí se iba a realizar el baile y la fiesta".

Los sabores de la planta, los sentidos de una palabra más allá del síndrome del *jamaicón*: "Escuchando la música encontró unos acordes que le faltaban para los maitines. Los tarareó en voz alta".

Una ciudad musical que, señala una y otra vez el novelista poblano, es un mercado incesante, insaciable: "La gente en esta ciudad parece estar comprando todo el día".

Es *México. La novela*, un bloque de 525 páginas donde deambulan dichos, refranes, decires, oficios y tareas que construyen lenguas, idioma, identidad: "No era raro que desde los balcones del segundo piso de las casas se tirase el agua de las bacinillas al grito de *¡agua va!*".

En este lugar que millones habitamos siglos después de nuestros antepasados, como de nuestros antecesores, "Se han puesto faroles en todas las calles y se han contratado a hombres que los cuidan, a quienes se llama serenos y quienes pregonan toda la noche gritando la hora que es y el tiempo que hace".

Es el lugar donde los hallazgos arqueológicos jamás terminarán: "Fue él quien convenció al virrey y al cabildo catedralicio de no volver a enterrar la piedra (…) El sabio había encontrado que una de ellas era el calendario de los aztecas".

Pedro Ángel Palou no afloja al concebir elogios según la etapa que trata: "Todos se maravillaban del valle y de la Ciudad de México, a la que alababan propios y extraños. Se hablaba ya del siglo de las catástrofes en la ciudad, pero también del crecimiento, del estilo moderno, de su magnificencia. Había ya quien la nombraba la Ciudad de los Palacios". La arquitectura del esplendor.

5. Crear *paranovelas.*

Ahora me propongo engarzar como escenas de película otros pasajes. Ellos nos acercan cada vez más al siglo XX. Si nos olvidamos de *México* como protagonista, de la Ciudad capital en su papel principal, estaremos ante el recorrido al que alude este apartado.

El cambio en el abordaje no es asunto menor, ya que intenta subrayar el historial de las actividades culturales, de la vida que generan y del sector productivo que potencian.

Pedro Ángel Palou no se lo propuso así, pero al integrar tantos referentes al devenir de las familias que articulan la novela, favoreció otro filme. Veamos el carrusel elegido.

La estela de los legados: "Así que sus antepasados fueron grandes astrónomos, grandes matemáticos y leían el cielo tanto o mejor que quienes vinieron a destruirlos".

Un caso de preservación patrimonial asombroso, como de origen de un gusto popular: "(…) comparable con las ciudades más bellas de Europa (…) a la que el vulgo bautizó como Casa de los Azulejos (…) quien gozaba del favor del pueblo por haber permitido las corridas de toros en la plaza del Volador".

La homosexualidad se hace presente con Alexander von Humboldt, extendiéndose a las entrañas de la novela de Palou: "Había leído un opúsculo, un panfleto, llamado *El currutaco por alambique,* que era una burla de quienes gustaban de otros hombres, una sátira contra el afeminamiento".

Aunque dividida por fechas, la obra del poblano Palou no es una cronología. Sin embargo, vale citar excepciones. En 1808 "Julio Landero había heredado la imprenta de don Manuel Valdés y seguía utilizando el establecimiento como pequeña librería".

Son los tiempos de construcción: "Las torres de la Catedral al fin terminadas. Se veía al fin limpia, abierta y plana como una mano abierta".

Una ciudad en ruta a la independencia de la corona española, no para en novedades. En 1815 "Recientemente Luisa Santoveña se había aficionado a la pelota vasca. O, mejor dicho, a apostar pequeñas cantidades a sus pelotaris favoritos".

Corren en las páginas otros asuntos cruciales de la conformación social, como lo fue El Parián, el gran templo de la moda: "Han pasado ya siete años y no deja de impresionarme la velocidad con la que aparecen y desaparecen estilos de peinado, de vestimenta".

Es el terruño de los pasatiempos infantiles: "(…) sus hijos jugaban al trompo o las canicas".

En la ciudad de los sincretismos culturales, el dominio de la música: "¿El virrey (…) coleccionista de una gran cantidad de instrumentos musicales? Sí, muy grande. Clavicordios, violas, violines, flautas ¡y hasta marimbas!".

Y vaya que la confitería se cocina en la magna obra de Palou. Aparecen la chocolatería Royale y confitería Ducaud: "(…) desdeñando la advertencia de que 'un pastel dura un minuto en la boca, una hora en el estómago y veinte años en los glúteos'".

Asuntos de la originalidad y el genio comercial: "(…) crearía un nuevo zapato en forma de alfeñique, esas coronitas de azúcar cocida y estirada en barras muy delgadas y retorcidas que los dulceros paseaban triunfantes en sus carros a plena luz del día (…) Quebradizas y finas, las mágicas varitas se desbarataban en la boca y eran la aristocracia de sus plebeyas semejantes, las charamuscas, melcochas y trompadas".

En distintos pasajes, el narrador se convierte tanto en pintor como en poeta. Lo hace para remitirnos a una corriente de la plástica mexicana: "Canto juvenil de alguna dama, acordes de guitarra que la acompañaba. Músicos con harpa, bandolón y guitarra, sentados en los bordes de una canoa. La china de zagalejo y reboso terciado; el charro de calzonera de paño con botones de plata y sombrero canelo galoneado; la nodriza; el aguador que iba a la fiesta sin desprenderse de sus arreos y casquete de cuero; el leperito de calzón blanco y frazada al hombro (…) el indio petatero de Xochimilco".

En los canales de Xochimilco como de La Viga, el paisaje se inmortaliza con una inmensa cantidad de flores y verduras, con atole de leche y tamales, con pato cocido y tortillas enchiladas.

Claro, Palou pone a nadar en las aguas cristalinas de los canales citadinos a uno de sus personajes, para alcanzar a una mujer extraordinaria y enamorarla.

6. Armar un rompecabezas.

Vale reiterar al cierre. La tarea no es solamente apoderarse del historial capitalino mexicano, lo vertebral de la apuesta del escritor. Es la provocación que nos pone en la mesa para construir otras novelas. Les he dado muestras de mi elección: las relativas a la vida y sector cultural.

Siento una proximidad que opta por acentuar, como hemos visto, el recorrido a partir de la conquista hasta las primeras décadas del siglo XIX. Son las raíces del sector cultural.

Veamos los siguientes momentos. En *México* se alude a un empresario, en tiempos de Santa Anna, que se benefició con la construcción del Teatro Principal de la Ciudad de México. Empresario dueño de la mayor colección de aves del paraíso.

Son los años en que "Las prensas de su taller tipográfico eran de cuadros móviles y planchas intercambiables, las más modernas de México".

Narración en la que no cesan los sabores: "A Gildardo lo apodaban *la Coyota* en alusión a uno de los muchos tipos de pan que producía".

Ahí va el caballero con un "reloj de oro grabado tipo Lepine". Es de la clase alta cuyos pasatiempos eran las corridas de toros, el teatro y la ópera, con compañías extranjeras, divas y cantantes, con la primera representación de la Compañía Nacional de Ópera.

Es el andar de las mujeres mayores que iban maquilladas con polvo de arroz y carmín. Los hombres adultos se aplicaban harina de trigo en el cabello para ocultar las canas y ungüento de pachuli en las arrugas.

Los esfuerzos por documentar el acontecer de una nación joven y emproblemada no se detenían. "Pero esta vez le llevaba el nuevo libro impreso por Mariano Galván Rivera, *El cocinero mexicano*, que tanto revuelo estaba causando por sus recetas".

En la Ciudad de los Palacios hay Navidad. Corre 1832. Se celebra con partidas de tresillo, con los sonidos de las ocarinas de barro, jugando con tiras de papel picado, con piñatas rellenas de tejocotes, cañas, colación, plumas, lápices, lentes de aumento, borradores, monedas antiguas y hasta pequeños astrolabios.

Son los días decembrinos en los que monjas cocinan *fruit cake* y se guisa el guajolote.

Es la tierra mexicana importadora de muchos bienes culturales, sobre todo para el despliegue de las artes escénicas. Por ello un vals de Strauss se podía ejecutar en un piano Erard 1826 con sistema de doble escape, traído de Alemania, el favorito de gran Franz Liszt.

Avanza el siglo de la gesta de Independencia con el esperado ascenso del globo aerostático de Adolfo Theodore, con el daguerrotipo cuyo invento tiene maravillada a la ciudad.

La gente va a los cafés de moda, el Astrea y el Paoli donde se ordena *beefsteak* y tortilla de huevo. Cursa la ciudad donde se mastica chicle, resina que un tal Adams se lleva a los Estados Unidos en grandes cantidades.

Calles céntricas que dan cabida al primer hotel de la ciudad, el Bella Unión.

"México siempre había vivido entre dos flancos: el grupo de los traidores, por un lado, y el de los fieles, creyentes de la legítima soberanía de México, por el otro", lanza uno de los personajes de Pedro Ángel Palou.

Hubo un tiempo de intensa diversión con las luchas grecorromanas, con la ópera cómica que llamaban zarzuela. Parrandas en numerosas cantinas, palenques, pulquerías y billares; en dos plazas de toros, en variedad de fondas y suculentas panaderías.

Una región transparente con escuelas, más privadas que a cargo del Estado. De bibliotecas, conventos, parroquias, paseos, plazas y plazuelas.

Y con abanico de periódicos: *El Universal, El Demócrata, El Monitor Republicano, El Siglo Diez y Nueve.*

Cita de 1857: "¿Qué es preferible? —preguntó Eusebio—, ¿una reforma gradual que vaya paulatinamente corrigiendo los abusos, las influencias y el desequilibrio en la sociedad, o una reforma absoluta que aniquile lo malo como también lo bueno, para sembrar después en un campo fértil, pero desierto?".

Ustedes responderán 165 años después. De ese calado es *México. La novela.*

7. Epílogo. Estampida de citas.

Pues no resistí la tentación de encadenar otras citas. Para elaborar esta parte opté por ir del final del volumen hasta topar con el recuento decimonónico. Recordemos que Pedro Ángel Palou concluye el largo recorrido de la Ciudad de México tras los sismos de 1985.

Con la historia se crean oficios: "El pasado estaba enterrado y ustedes son los antisepultureros. Todo arqueólogo es un profanador de tumbas".

Tareas que son de doble filo: "Recuperar conlleva sacrificar (…) Encontrar implica destruir".

Viene entonces el guiño: "El presidente decidió ordenar que se expropiaran y, si fuera necesario, se hicieran demoliciones para rescatar ese espacio sagrado".

En cuestiones patrimoniales, las constantes: "El Consejo de Arqueología parecía un tribunal de la Inquisición debatiendo sobre una teología ignota".

Son años de nuevas obras y de los problemas de muchísimos años: "El nuevo hospital Salvador Zubirán logró su retorno; pero la fuga de cerebros continúa".

En esos años 80 se desempeñan quienes ofician con el arte: "Ya ves, a mí también me chifla el coleccionismo. Es mi adición".

El escritor Palou escarba en otras capas para encontrar que "Inauguraban el cine Regis con una película británica, *Repulsión*, de Roman Polanski, de la que todo el mundo hablaba", que "Ese que está allí, fumando solitario, es Juan Rulfo", que "Leopoldo fue al panteón, como tantos otros, a rendirle honor a uno de sus patriotas favoritos (José C. Orozco), uno que no se rindió nunca ante el burdo nacionalismo".

El escritor poblano se la pasa excavando, página tras página, en el historial cultural mexicano: "La hizo crecer (su biblioteca) gracias a un par de nuevos amigos libreros de viejo de Donceles"; "En la radio de la lonchería sonaba la XEW y se escuchaba *Farolito* de Agustín Lara"; "La que pensaban que sería recordada como la boda de la década solo la rememoraron Torres Bodet y Cuautle como el fiasco del siglo, esa tarde de 1938".

Se baila y mucho en el Salón México, "(…) un letrero dictaba 'No tiren colillas, porque se queman los pies las damas'". Es la Catedral del Danzón llena de los ritmos sensuales de la Orquesta Radio, de los aromas de la loción Siete Machos.

Una capital latinoamericana en la que "Posteriormente se crearía la revista *Contemporáneos*"; "Ahí Leopoldo conoció a varios intelectuales que escribían en la revista cultural *Ulises*, enfocada en la poesía. Posteriormente, bajo el auspicio de Antonieta Rivas Mercado, se crearía el Teatro Ulises, dirigido por Salvador Novo y Xavier Villaurrutia, entre otros".

Es la zona donde "La idea de Fito y de Vasconcelos era colaborar con el presidente Obregón para que los gringos reconocieran su gobierno a través de esa exhibición (de artesanías) itinerante que iría primero a Los Ángeles y luego a Washington".

El lugar del arribo tecnológico: "Él había sido uno de los primeros en el país en tener un fonógrafo, una cámara de fotografiar. Ahora debía conseguirse un *radio*"; el sitio territorial donde "(…) el gran Caruso que había venido a México y había grabado *Noche feliz*".

Es el centro de la lucha armada tras el porfiriato: "Un cañonazo ha destruido los mármoles de la fachada del Teatro Nacional".

La ciudad engalanada por el festín de su Independencia: "Los más de quinientos extranjeros invitados (a las fiestas del Centenario) estuvieron maravillados con el Museo Mexicano, excelsamente cuidado, dirigido por Francisco del Paso y Troncoso".

El valle en el cual "Le había tomado especial afecto a Ernesto Elorduy, quien era discípulo de Clara Schumann y había estudiado en Alemania. Estaba trabajando en una ópera, *Zulema*, que Loretta había financiado", región mexicana en la que "Estaba acabando el siglo (XIX) y Nicolás también llevaba a su hijo al Cinematógrafo Lumiere".

Se va y viene entre los oleajes de la guerra de Reforma "No por nada de broma la llamaban en la familia la Señorita Dodona, una domadora que podía montar cuatro caballos a pelo en el Circo Orrín", crucial guerra de la que "Juárez quería darles a los mexicanos una religión que les enseñara a leer y escribir. Solo así dejarían atrás la superstición".

"Pudimos haber sido la nación más avanzada del planeta", suelta uno de los personajes de *México. La novela* de Pedro Ángel Palou.

"El futuro está en el pasado, Fernanda, ¿puedes verlo?". Todo indica la respuesta: nadie pudo verlo y seguimos sin darnos cuenta.

Lo cierto es que el sector cultural sí tiene su propia historia.

Espulgar un libro:
Paz y Fuentes en el sector cultural

1. A manera de seguidilla.

Si con la pieza histórica de Pedro Ángel Palou acumulamos numerosas atmósferas constitutivas del sector cultural, con *Estrella de dos puntas. Octavio Paz y Carlos Fuentes: crónica de una amistad,* de Malva Flores (Ariel, 2020) la edificación se solidifica.

Hemos alegado que a falta de una saga sectorial de la cultura, tenemos la posibilidad de recurrir a distintas fuentes para darle sentido. La lectura que ofrezco al desmenuzar la relación epistolar y de hechos entre dos de las grandes figuras capitales de la cultura mexicana, facilita dicha comprensión.

El tránsito medular de Carlos Fuentes y Octavio Paz está enramado con la expansión del mercado cultural y de la firme presencia de la intervención del Estado mexicano. Nuestros escritores lideraron un proceso que, en términos de voga, fue de la posrevolución al nacionalismo revolucionario a los esplendores del neoliberalismo.

Espulgar, es decir, rascarle para encontrar lo que mi objeto de estudio demanda.

Es por ello que *Estrella de dos puntas,* de 596 páginas, me dejó sorprendido por las revelaciones, por la puesta al día de asuntos ya conocidos y por la relectura de los tiempos de dichos escritores.

También por el encaje, no buscado por la autora, en la perspectiva de la actualidad cuatrotcista, por la grilla que alardea, por la mala y buena leche de quienes aparecen en la obra, por las andadas de las mafias de ayer y por las de hoy. Mi mirada encontró datos, señales y episodios sobre el sector cultural.

Así las cosas, de entrada resalto el que Carlos Fuentes depositara su correspondencia con Octavio Paz en la Firestone Library de Princeton. Imaginar dicha operación financiera es de morbo bancario. Claro, las finanzas de un autor son inaccesibles, así es. Pero con estos autores, al haber publicado en editoriales de gobierno, centralmente el Fondo de Cultura Económica, quizá sobrevivan en archivos números esclarecedores.

La rascadera la agruparé por páginas: de la 23 a la 87 en esta primera parte. Entonces digo, bendita la industria editorial. Entre 1950 y buena parte de los años 80, los que fueron tan amigos nada registran de sus andanzas en la radio o la televisión. Son en el rol central los periódicos, revistas, casas editoras, librerías y bibliotecas. Están en el régimen de lo impreso, donde las cartas son la médula. Vaya, ni siquiera el teléfono ocupa un rol protagónico: es la espera del cartero.

En estas primeras páginas aparecen parte de los protagonistas del libro: el Fondo de Cultura Económica, Joaquín Mortiz, la *Revista Mexicana de Literatura*, *Revista Mexicana de Cultura*, Revista *Mito* (Colombia), *Cuadernos Americanos*, el suplemento *México en la Cultura*, Revista *Hoy* (de José Pagés) y la revista *Voz. Expresión de América* (de Miguel Alemán Velasco), la *Revista de la Universidad* (UNAM), los periódicos *Novedades* y *El Nacional*, así como la colección Los Presentes, de Juan José Arreola.

Circula con modestia el cine: Paz en el Festival de Cannes, éxitos como *Aventurera* (Gout, 1950) y *Los Olvidados* (Buñuel, 1950). El negocio de la música con RCA Victor y los inicios de XHTV Canal 4.

Algo que marcará el enorme trayecto ocupado por las dos puntas de la estrella son El Colegio Nacional, El Colegio de México y la Academia Mexicana de la Lengua.

Como los enterados saben y los que no ahí les va pues, resulta que los intelectuales pertenecieron al Servicio Exterior Mexicano. Sus quehaceres diplomáticos inundan las páginas de la crónica picante, provocadora y hasta justiciera —a su manera, claro— de Malva Flores.

Pesco que Octavio Paz, estando en París al servicio de la embajada, se esmeró en conseguir la primera exposición individual de Rufino Tamayo en la Galérie Beaux-Arts (noviembre de 1950), cuyo catálogo contó con textos de Jean Cassou y André Breton.

En estas páginas que recorro, aparece el ilustre Fernando Gamboa, como subdirector del INBAL y como comisario de la Exposición de Arte Mexicano Antiguo y Moderno en París en 1952, quien enfrentó la polémica por un auténtico Chac mool que viajó a la capital francesa, dejando a su paso copiosas lluvias en territorio francés, lo cual fue visto como un milagro de los dioses prehispánicos...

El diplomático Paz en Tokio, cuenta la autora Flores, "luchaba contra los mosquitos en Japón, según le contó a (Alfonso) Reyes, iniciaba uno de sus calvarios. No le alcanzaba el sueldo, pues el costo de vida en Tokio era altísimo".

Y qué decir de las pachangas de los escritores bajo la denominación de Los Divinos, con reuniones "loquísimas", según se cita a Alí Chumacero. "Algunos divinos formaron parte de los dibujos que Abel Quezada diseñó años después para el papel de envolver de la editorial de Díez-Canedo, Joaquín Mortiz".

El marketing librero no lo inventó Gandhi.

Cierro este numeral espulgatorio con una sana costumbre de los protagonistas de esos años: "De la comida salían hacia alguna cantina o a la famosa casa de La Bandida, Graciela Olmos, quien regenteaba un burdel en Durango 247".

2. Las becas de Fuentes y Paz.

De las muchas sensaciones que remueve *Estrella de dos puntas* destaco la nostalgia, la cual conduce al terreno de la arqueología del sector cultural. Como en toda exploración, lo que se encuentra, agita.

En este segundo numeral tocan de las páginas 88 a 102.

Ahí tenemos al librero Emilio Obregón, socio de José Porrúa hasta 1953 cuando se pelearon y cerraron la librería. De la ruptura viene la Librería Obregón, que se estableció en el número 30 de la avenida Juárez, frente a la Alameda, y que contó con un centro artístico llamado El Cuchitril.

Obregón era el distribuidor de Los Presentes, la colección de Juan José Arreola, e inauguró la Colección Literaria Obregón, en la cual publicó obras de Andrés Iduarte y Alfonso Reyes. El también mecenas llamó a Carlos Fuentes y Octavio Paz para dirigir la colección.

Al poeta, cuenta Malva Flores, le emocionaba que Emilio Obregón se involucrara en otras empresas culturales (así lo dice la autora) y había decidido apoyar a sus amigos Fuentes y (Emmanuel) Carballo para la creación (en 1955) de la *Revista Mexicana de Literatura* (RML), de la cual el librero fungiría como gerente, "lo que en otras palabras quería decir que era su principal sostenedor económico", por ende, la combinación entre empresario y mecenas.

Fuentes se dedicó de lleno a la RML, cuyo primer número fue una toma de posición crítica del nacionalismo. "Su nombre incluso era un guiño contra otras publicaciones del momento, como la muy nacionalista *Revista de Literatura Mexicana* de Antonio Castro Leal", relata Flores.

La cosa bonita de hacer una publicación lleva al novelista a ponerse en contacto con José Lezama Lima: "Muy estimado amigo: Por carta de nuestro admirado Cintio Vitier, me entero de que usted está dispuesto a establecer un canje de anuncios entre nuestras revistas".

¡Canje!

El narrador Fuentes "(…) lee todas las revistas, redacta las notas del 'Talón de Aquiles', colabora con el cineasta Manuel Barbachano Ponce en la realización de un guion en el que también participaría Paz, asiste al teatro, a conferencias, a fiestas… y trabaja, trabaja, trabaja".

En estas páginas de *Estrella de dos puntas* me agita el recuerdo del Centro Mexicano de Escritores, en esos años 50 recién creado. Alfonso Reyes le da una carta de recomendación a Fuentes, el 20 de junio de 1956, para solicitar una beca cuyo monto no podemos saber, pero tuvieron fama de ser bastante buenas.

Al escarbar, al espulgar, encuentro que Octavio Paz había comenzado a escribir *El arco y la lira* en Córcega, en 1951, "pero no fue hasta que regresó a México, y apoyado por una beca ínfima de El Colegio de México, cuando lo publicó el 24 de marzo de 1956, según señala el colofón".

¡Ínfima! Hubiera sido interesante saber el monto de los pesos en esos años.

Al seguir el hilo de manera progresiva, Malva Flores consigna que desde Nueva York —donde se encontraba con la delegación mexicana en viaje de trabajo a Naciones Unidas— Paz seguía los avatares de la RML, y el 28 de noviembre de 1956 le escribió a Fuentes: "El 'aislacionismo' mexicano no es sino una de las consecuencias de la orgía nacionalista a la que nos hemos entregado durante los últimos diez años. Un día lamentaremos estos años de egoísmo, recelo y engreimiento".

Las orgías mexicanas se sucedieron… y ¿siguen?

3. Toma y tunda, Paz y Fuentes: "Atácalo, Helencitos".

Si le espulgas, le encuentras. Al leer la presentación del escritor Luis Guillermo Piazza al libro de Salvador Novo *Las locas, el sexo, los burdeles* (editorial Diana, marzo de 1979) encontré esta magnífica manera de puntualizar lo que advierto: "En México, en donde el intelectual es totémico, o circense, el pan y la lista son interminables, infinitos, exhaustivos".

De no ser así no se hubieran plantado tantas pistas en el circo que, en muchos buenos y malos sentidos, levantaron los señores Carlos Fuentes y Octavio Paz. En mi deambular para este tercer numeral, al ir de las páginas 103 a 121, se ubican varios espectáculos.

Veamos lo siguiente. Érase que en una página de la Revista de la Universidad de México (julio de 1956) se pudo leer: "Salvador Novo dedica en *Hoy* (México 7/VII) tres adjetivos fundamentales al espectáculo llamado Poesía en Voz Alta: 'novedoso, fresco, rico'".

Dice la autora Malva Flores que fue "el proyecto de teatro experimental más novedoso del país en mucho tiempo, auspiciado por la UNAM y bautizado por (Juan José) Arreola", en el Teatro El Caballito.

Tras el relato de algunos episodios de ese hallazgo creativo, "aunque el proyecto se había quedado sin presupuesto o apoyo, Paz, Soriano y otros más se empeñaron en conseguir dinero, y el 19 de julio de 1957 se presentó el Cuarto Programa que incluyó tres piezas de (Elena) Garro (…)", en el Teatro Moderno.

Se registra sala llena, y según contó Rafael Solana, con "un público en el que dominaba notablemente el esnobismo literario, sin que faltaran algunas auténticas personalidades".

En verdad que cualquier parecido con la realidad del segundo decenio del siglo XXI es cosa pura del ADN de la vida del sector cultural del país.

Tal y como es identificable en otro pasaje de *Estrella de dos puntas*, donde nos enteramos de que el citado librero Emilio Obregón se retira del negocio, vende la librería, da por terminada la *Revista Mexicana de Literatura* que financiaba, duda en seguir con la colección de libros que animó con Paz y Fuentes y se lamenta que un título de Bioy Casares se imprimiera lleno de erratas. Para salvar la publicación de los libros, el poeta en misión diplomática desliza una posibilidad de continuidad con el Fondo de Cultura Económica.

También a Paz le tomaría por asalto el "duende de la imprenta": su libro *Las peras del olmo*, publicado por la UNAM, lo encontró "mal cortado, mal pegado y lleno de erratas".

Como bien se ha señalado, una de las virtudes de la obra de Malva Flores son las revelaciones que contiene, fruto del acceso a la correspondencia inédita de los legendarios autores. Justamente una de las pistas de sus múltiples escenarios tiene que ver con la apreciación que sobre sus literaturas tienen.

Nos topamos entonces con una carta de Octavio Paz al editor argentino José Bianco, del 30 de marzo de 1959, que al decir de Flores es "una de las más dramáticas en la correspondencia de Paz".

Le dice entre otras cosas: "Haces mal en despreciar a Carlos Fuentes: Su libro es un bestseller (va en la tercera edición) y parece que lo publicarán en Nueva York. Ahora escribe su segunda novela. Frente a esto ¿qué importan la confusión, los ecos, las repeticiones, los párrafos más recordados que escritos, más leídos que pensados y todo lo demás que se podría decir? A mí también me asombró su libro: le tenía estimación, lo quería, creía en él. ¿Cómo era posible que hubiera escrito eso? Pero eso —y esa fue mi segunda sorpresa— tuvo un gran éxito. Mis sentimientos frente a Fuentes son ambiguos fue amigo mío, muy amigo; después de la novela, dejé de verlo; ahora nos hemos vuelto a ver. No puedo evitar quererlo; no puedo evitar que me irrite… y me defraude".

Son esos años 50 del siglo XX de otra pista que se perfiló como el número del lanzador de cuchillos de la gran carpa Fuentes-Paz: la complicidad de Paz, Elena Garro y su hija Helena en contra de Fuentes.

De ahí que en la obra se cite el caso de una petición de Paz a su esposa Elena: "Atácalo, Helencitos, usa tu burla, tu ironía. Afila tus pensamientos y písale la sombra".

Y lo que vendría.

4. Andares entre la diplomacia, la creación y la grilla.

Entre las páginas 123 y 264 hay un mapa editorial relevante para comprender un nicho de mercado cultural, así como la acción de los dos literatos a la vez que miembros del servicio exterior en él.

Hay información como la referida a la revista *El Espectador* que nacería gracias a 25 mil pesos de financiamiento aportados por Jesús Silva Herzog. Su suerte, cuenta la autora de la *Estrella de dos puntas*, se acabó muy poco tiempo después por falta de recursos.

En otro pasaje, tomamos nota de una información que sigue siendo escasa a pesar de tantos años de revoloteo estadístico. El crítico Emmanuel Carballo delibera en un artículo de *La Cultura en México* (enero de 1963), sobre los ingresos de Carlos Fuentes por la venta anual de sus obras en 1962, que estima en la suma de 7 mil 575 pesos: "Una novedad: el escritor mexicano vive de lo demás, algunos de lo demás, ninguno de la literatura. ¡Qué triste espectáculo!", señala.

Aunque se dice que es de sobra conocido en el ambiente cultural mexicano, resulta impresionante reencontrarse con la ruta de revistas y suplementos de esos años del siglo XX con su muestrario de paraísos e infiernos. Revisar los asegunes de esa constante entre Paz y Fuentes que fue la idealización de una publicación periódica, el abanico de especulaciones que compartieron en su terquedad por construirla y las búsquedas infructuosas de patrocinadores.

Cuenta Malva Flores que Paz confesaba sentirse seducido y aterrado a la vez por la idea de "la gran revista". Existían muchos obstáculos; el principal: "¿Dónde y cómo encontrar el dinero? El dinero sin ataduras ni compromisos", escribiría el poeta en una carta.

En julio de 1965 le narró a Tomás Segovia, con quien "planchaba" el anhelo, la obsesión de una revista: "A mi juicio ¡limosneros con garrote! deberíamos imponer dos condiciones antes de aceptar cualquier ayuda. Total independencia artística e intelectual (sin excluir nuestro derecho a juzgar los actos de nuestros 'benefactores') y compromiso firme de que la subvención durará no menos de tres a cuatro años".

Que nuestros protagonistas hayan sido escritores y diplomáticos, da rienda suelta al mito como a la intriga. El supuesto glamur de las embajadas a contrapelo del artista que dedica tiempo de más a su obra, siendo suerte de becario y por ello gosozo de las exquisiteces del servicio exterior. Si bien la obra se inclina por el devenir de los creadores, no hay desperdicio en lo que se evidencia de esos señores que ganan su salario como empleados de la cancillería mexicana.

El relato indica que el 17 de junio de 1959, "Paz llegó finalmente a París, después de un sinfín de vicisitudes", entre ellas, haberle escrito a Adolfo López Mateos —según le confiesa a Bona, apesadumbrado— con la certeza de haber incurrido en "un verdadero monumento al servilismo". Pero "París, tú, bien valen una carta'" (cita tomada de *Los idilios salvajes,* de Guillermo Sheridan, subraya Malva Flores).

Durante los últimos días de 1964, estando como Embajador en la India, se le presenta a Paz "la tentadora oferta" de volver a París, para ocupar el puesto de José Luis Martínez (como Representante ante la Unesco); sin embargo, el 5 de enero de 1965 le confirmó a Martínez que había decidido permanecer en la India: "Quiero terminar dos o tres cosas que tengo medio escritas y agotar mi experiencia oriental. Ya veremos qué posibilidades existen para el año próximo".

Desde Delhi, Paz le hace una confesión a Jaime García Terrés el 14 de septiembre de 1963. El poeta y crítico español Luis Cernuda había muerto ese año, por lo cual escribió un artículo en la *Revista de la Universidad.* En sus palabras dejaba entrever, muy diplomáticamente, que Cernuda había sido corrido de El Colegio de México por su director Daniel Cosío Villegas: "Además, no sería decente utilizar la correspondencia de un muerto para aclarar chismes. En fin, todo esto es sucio y yo me reconozco culpable —no de mentir, sino de haber revuelto la basura sin necesidad…" (cita de *El tráfago del mundo*, de Rafael Vargas).

Veamos otro episodio que pinta eso de ser escritor y empleado de gobierno fuera del país. Saturado de trabajo, Paz no puede asistir al Congreso organizado por Norman Rockefeller, Norman Podhoretz y Robert Wool, en noviembre de 1964 en Yucatán, en el hotel Mayaland de Chichén Itzá. Según la prensa local, se anuncia que la Fundación Rockefeller busca incrementar su ayuda a las editoriales para que estas tradujeran al inglés obras hispanoamericanas y, asimismo, se estima la creación de un Centro Interamericano de Libros Académicos.

El ambiente de fiesta en esos días en Chichén ocasiona que "quien después de todo era el pagano de nuestra gran pachanga cultural" intente "imponer un cierto orden puritano en nuestras vidas", relata Fuentes en su *Retratos en el tiempo* y que retoma Malva Flores. "Mujeres hermosas y alcohol de primera (…) Nuestro relajo no fue aprobado por el contingente moral, circunspecto y tempranero".

Hacia septiembre de 1964, Fuentes interroga a Paz sobre ciertos rumores que corrían en el sentido de que sería nombrado subsecretario de Cultura. Le responde el 25 de ese mes: "Ya sabes que a mí no me interesan los altos puestos y que siento cierto escepticismo ante las labores culturales de la burocracia. No creo en el fomento estatal de la cultura o, más bien, de la creación artística".

5. Emprendedores, no empresarios.

Pasemos a ocuparnos de las páginas 264 a 298.

De los muchos asuntos, los editoriales son vertebrales. Al cursar las páginas, la correspondencia, los hechos de una etapa, el anhelo de una revista idealizada es permanente. Se le convierte a Paz en una obsesión.

En ese ir y venir de los imaginarios de valor y significado, una constante: en ningún momento se plantea la publicación como un negocio, como pequeña empresa necesitada de mínimas reglas. Es siempre el cambalache: hacer una edición de altos vuelos a cambio de fondos con el menor número de condiciones por parte de los mecenas.

Leamos cómo lo perfila quien obtuviera el Premio Nobel de Literatura en una carta del 9 de noviembre de 1966, a su amigo novelista: "Lo del dinero me preocupa. En tu carta me hablas de varias posibilidades en los Estados Unidos. En principio estoy de acuerdo, a condición de no depender exclusivamente de un grupo o una editorial. Lo ideal sería conseguir tres patrocinadores. Yo estoy dispuesto a escribir a todo bicho viviente pero antes de hacerlo debo contar con mayores datos y orientaciones (…) Los directores seríamos tú, Segovia y yo. El Jefe de Redacción —único entre los tres que percibiría un sueldo— sería uno de ustedes dos (…) si el proyecto se realiza, yo estaría dispuesto inclusive a dejar el servicio (exterior); creo que una empresa así vale la pena —vale que uno le dedique todo su entusiasmo…".

Y agrega: "(…) además de las razones, de orden estético y político, hay una de higiene que exige la inmediata aparición de la revista: estamos amenazados por dos plagas, el relajo y la solemnidad (…) Es Poncio Pilatos-Torres Bodet (…) La revista implantaría un sano terror entre esos gramáticos metidos a escritores".

Esa *empresa* es el emprendimiento, no la unidad económica. Destaca entonces esa combinación letal: contenido y poder.

Respecto a Jaime Torres Bodet (JTB), por ahora basta decir que la confrontación no tuvo remedio.

Al seguir este asunto, aparece Tomás Segovia, quien en otra misiva le consulta a Paz si estima conveniente buscar alternativas de financiamiento con el nuevo director de El Colegio de México, Víctor L. Urquidi. Al entonces diplomático le parece maravillosa la idea, "porque de ese modo no nos presentaríamos totalmente 'en cueros' ante las fundaciones y editoriales gringas".

En ese andar la ruta de una revista, se cruza la grilla con la revista *Espejo* "signo maldito de JTB", al decir de Carlos Fuentes en una carta del 14 de enero de 1967, en el que advierte a Paz que tenga cuidado con los escritores Luis Spota, Huberto Batiz y José de la Colina "(…) los encargados de seducir, comprar, sofocar hasta el último aliento de la disidencia intelectual".

Con eso de que el carteo toma su tiempo y nos son de uso corriente las llamadas de larga distancia, los lectores de *Estrella de dos puntas* nos enteramos de que Paz había caído en la trampa. Spota le ofreció una suma importante de dinero por sus textos, aderezando el acuerdo con la especie de que tanto Fuentes como otros amigos comunes también habían sido invitados a publicar en *Espejo*.

Octavio le escribe a Carlos: "Acompañaba a su carta una lista de colaboradores, en la que tú aparecías pero no Torres Bodet. Señalo esto último porque me dices que Espejo (de ahora en adelante: Espejo Humeante) tendrá por misión principal reflejar la figura imponente del exdirector General de la Unesco, que es lo más parecido que tenemos a esos monolitos en plástico con que impresionan a los turistas en el Museo de Antropología. Como yo ignoraba todo esto, acepté y envié la colaboración".

Este es uno de los pocos guiños del autor de *Posdata* en este periodo al patrimonio cultural.

Sigamos la excavación. En 1967 tiene lugar el Congreso Latinoamericano de Escritores, que generó diversas trifulcas. Dijo José Agustín: "Es una buena farsa para conseguir dinero y para que nuestras democracias latinoamericanas se adornen como grandes impulsores de la culturita".

En tanto que para el crítico Emmanuel Carballo era obvio que, a la luz de las denuncias sobre el patrocinio de la CIA, el congreso podía "juzgarse como una maniobra lo suficientemente hábil para encubrir propósitos contrarios a los intereses de nuestros pueblos".

El eje México-Revolución cubana causó numerosos estragos entre la intelectualidad Latinoamericana y mexicana, estando de por medio la revista *Casa de las Américas*. Ese año de 1967 en el suplemento *La Cultura en México*, Fernando Benítez publicó una larga entrevista a Carlos Fuentes. Recobra Malva Flores que, ya en confianza, le dice el novelista a Benítez que en México "te asfixias, mano, te asfixias detrás de las caretas". El "anonimato parisisno", subraya la autora, le permitía quitarse las máscaras, además de que en México no se contaba "con la inteligencia informativa y editorial de un periódico como *Le Monde*".

Cerremos este numeral cinco con un instante …del ingreso de Octavio a El Colegio Nacional. Le escribe a Fuentes: "(…) no soy sino la momentánea encarnación de Nuestro Señor de Xipe-topec y ya sé que al final seré desollado en un templo de las afueras. (Mi epitafio secreto: Vivió entre el ninguneo que pulveriza y la consagración que petrifica…). Un periodista me dijo que, al ingresar en El Colegio Nacional, me había convertido en uno de los mostruos sagrados de México. Le respondí: procuraré ser monstruo pero no sagrado. Ojalá que de veras pueda resistir la tentación".

6. Los poderes literarios, políticos y ¿económicos?

Este es un episodio lento, de las páginas 299 a 315. Hojas que transpiran variaciones sobre los poderes que acumulan los protagonistas de *Estrella de dos puntas*.

Son los poderes literarios y políticos volcados sobre el poder que les escurre el bulto: el económico. Ambos personajes, en esos años 60, no han acumulado riqueza; dicen haber sufrido por el dinero.

No se juntan con gente rica, no los apadrina mecenas alguno, la palabra negocio no asoma en su vocabulario, ni idea tienen de que con el tiempo literatura y política les darán fortuna.

Son años de búsqueda de fondos para poner en circulación la revista añorada. No hay más plan que alguien (persona, institución, empresa, incluso un gobierno extranjero) ponga la lana para echar en altamar un barco simbólico cuyo poder vislumbran. Tampoco se advierte el producto como medio de financiamiento editorial. Incluso podemos observar las limitaciones en el manejo de los conceptos.

Para consumar el objetivo, todo se vale.

Inicios de 1967. Octavio Paz le escribe a Carlos Fuentes contándole que ya habían hablado juntos Arnaldo Orfila, Tomás Segovia y él. La revista se publicaría patrocinada por la editorial Siglo XXI "pero esto no implica ningún control ni propiedad material, intelectual o ideológica de nuestra publicación. Subrayo la palabra nuestra para indicar que la orientación y dirección de la revista sería de la responsabilidad exclusiva de nosotros tres: tú, Tomás y yo".

Sería mensual, con dos ediciones: mexicana y argentina. Orfila había propuesto como nombre de la revista *La palabra enemiga*.

Desean un ente crítico, con énfasis en la traducción, sin comité internacional pero con corresponsales en Europa y América, con Tomás Segovia como Secretario o Jefe de Redacción a quien "se le daría un pequeño sueldo, una secretaria y un local en Siglo XXI".

En ese 1967 Carlos Fuentes pasa por una difícil situación económica. De repente se encontró con solo 100 dólares en los bolsillos "y aquí empieza *A Tale of Two Cities* en la que tu amigo, convertido en un Pimpinela Escarlata sin más misión que salvarse a sí mismo de la guillotina, he debido ejecutar un acto de equilibrio digno de los insignes circos de Barnum & Bailey".

Al seguir el relato de Malva Flores se sabe que no obstante los inconvenientes, Fuentes había hablado con Segovia, quien le confesó no tener fuerzas para realizar la revista en México. ("Conociendo el trato imbécil que nuestros compatriotas le reservan a Segovia, le concedo la razón").

Una ida a París en ese año 67, ante la posibilidad de alcanzar recursos del gobierno de Francia, provoca que Paz le diga a Segovia en una carta que "es indispensable que yo, personalmente, haga la gestión para obtener el dinero de la revista. Si no contamos con esa ayuda quedaríamos exclusivamente supeditados a los mecenas mexicanos" y acentúa que la cantidad que Orfila pensaba conseguir en México le parecía insuficiente. "Lo que me cuentas de la actitud de Orfila me inquieta mucho. Yo le escribí hace tiempo y no me ha contestado. ¿Será porque le "desencanta" el financiamiento plural de la revista? No quiero ni puedo creerlo. Al principio, aceptó con entusiasmo la idea…".

Arriba el año de 1968. Desde Delhi, Paz manda una misiva a Segovia, donde le da noticia de un encuentro en París con André Malraux, el escritor y ministro francés de Cultura. El proyecto de la revista lo entusiasmó. "Cree que podrá conseguir una suma importante aunque, con realismo, me advirtió de los obstáculos y peligros". La posibilidad de que la ayuda partiera del Ministerio de Negocios Extranjeros supondría "una fiscalización no económica, sino política o intelectual".

En esa conversación parisina, también se proyecta la amenaza de que la revista fuera etiquetada "dentro de la perspectiva tradicional del *rayonnement* de la cultura francesa". Por último, cuenta Paz, los nubarrones abarcan "la avaricia y la estrechez del Ministerio de Finanzas" y la intervención de los "burócratas de la política, la cultura y las finanzas. Pero cree (Malraux) que puede vencer todos esos obstáculos".

Panorama bien complicado y cualquier semejanza con la actualidad es sana coincidencia.

En el remolino de los acontecimientos de unas cuantas semanas, Octavio Paz redacta una carta a Malraux, la cual es entregada por el mismísimo Fuentes en ese enero de 1968. Las líneas anuncian que su amigo Carlos se hará cargo "de los siguientes pasos", y que tras repasar lo conversado en aquella comida parisina "no estaba en el espíritu de los mexicanos más que el establecimiento de un diálogo con la cultura francesa".

Chao fondos del gobierno francés… Si es que realmente estaban en el camino.

Cerremos este sexto numeral rescatando que el 29 de enero de 1968, llegaron a la India Julio y Aurora Cortázar, para compartir en la hermosa casa y sede de la Embajada de México.

Según el argentino, reconstruye con sus palabras Malva Flores, "había tantas habitaciones y criados que se sentían incómodos". Le cuenta entonces el autor de *Rayuela* a su amigo Jean Bernabé que "solo el afecto de Octavio y su mujer nos rescata un poco para un tipo de vida para el que yo no he nacido (Aurora sí, pero ya sin esperanzas de que yo pueda proporcionárselo alguna vez)".

Cortázar volvería a insistir en el tema en una carta a Julio Silva semanas después: "Octavio y Marie José están muy bien y vivimos los cuatro en una casa digna de las *Arabian Nights*, con tantos criados que me da un poco de asco, y unos jardines con flores y pájaros increíbles".

7. Los dineros de Albina du Boisrouvray entre Paz y Fuentes.

Conforme avancé en la lectura no dejé de sorprenderme con la intensidad novelesca de la crónica publicada por editorial Ariel. En este séptimo numeral tocan las páginas 315 a 370.

Los escritores viven el año de 1968. Sabemos que Octavio Paz solicita a la cancillería sea separado de su cargo de embajador de México en la India. No renuncia, se hace a un lado con apego a sus condiciones laborales para finalmente jubilarse en 1971.

Dice Malva Flores que "*Blanco*, el poema que había escrito en 1966, y cuyos primeros ejemplares recibió a finales de enero de 1968, son la mejor muestra de esa revolución interior que, cada día más, lo obligaba a independizarse del Estado mexicano. Si el arte y la literatura deberían estar libres del 'benévolo' paternalismo oficial, le comentaba a Fuentes el 11 de febrero, ¿por qué él no habría de estarlo también?".

En ese ir y venir epistolar, Paz le contó a Fuentes que "desde hacía más de un año tramitaba su jubilación, y esperaba concluirla pronto". "Ya no soporto más —no a la India, que amo, sino la idea de servir a un gobierno, sea el del Gran Mongol o el del Hijo del Cielo. Buscaré un reacomodo, en la Universidad o en El Colegio de México. Y más que nada, me ocuparé de la revista".

El dramático año del 68 lleva a Paz a dirigir una carta al canciller Antonio Carrillo Flores, de la cual tomo el siguiente fragmento, por la singular articulación de las nociones económicas: "En el fondo el problema consiste en introducir un equilibrio entre el desarrollo económico, el social y el político. Agrego que la reforma de nuestro sistema político aceleraría el progreso social —o sea: la mejor distribución de la riqueza— sin que esto dañase al desarrollo económico, ya que aumentaría el número y el poder adquisitivo de los consumidores".

En la carta al secretario, también resulta relevante la mirada analítica del poeta sobre los medios de comunicación, sin duda llamativa por venir de alguien que añora hacer una publicación. Le parece escandaloso que "todos" fueran privados, si bien advertía que "su nacionalización no sería un verdadero remedio: el monopolio del Estado en materia de información no es menos peligroso que el de los negociantes".

Vale reiterar que al esculcar *Estrella de dos puntas*, la obra se muestra rebosante de señales en busca de significados, una suerte de narrativa oculta incluso para la misma autora. Ella nos dice que un dato interesante, "si pensamos en la forma como se desarrollarían las cosas poco después", es que en una carta del 25 de agosto de 1969, Carlos Fuentes le cuenta a Paz que ha comido con Julio Scherer y Manuel Becerra Acosta, director y subdirector del único periódico "digno".

Le invitaron a colaborar en la página editorial de *Excélsior*, pidiéndole que le dijera a Paz se sumara: "Te aseguro que ambas invitaciones, en el ambiente actual de México son de un gran valor. Hace, con toda justicia, una distinción entre tú y yo; según Scherer yo soy un gancho al hígado pero tú eres el *uppercut* y K.O. Graduando las cosas, me piden que yo empiece a colaborar en septiembre y tú en diciembre. Dime qué piensas".

Fuentes había regresado a la Ciudad de México ese año, al lugar donde prevalecía un "elemento devorador, destructivo, en la vida mexicana", según dijo al periodista de *Excélsior*, Guillermo Ochoa. Tras las declaraciones ahí vertidas que aparecieron un sábado, "el lunes Díaz Ordaz mandó suspender la filmación de la película basada en mi novela *Zona sagrada*. Con lo cual me benefició, pues yo ya había cobrado mis derechos, más tarde los recuperé y cobré por segunda vez al revenderlos", revelaría en 1973 al periodista James Fortson.

¿Y la revista que deseaban crear? Malva Flores sigue los trazos. El año del 69 se enfila a 1970. Aparece entonces el novelista español Juan Goytisolo quien "tuvo buenas noticias para su amigo Carlos". Antes de llegar a La Jolla, California, había entrado en contacto con "un mecenas dispuesto a financiarnos la revista; se llama Albina du Boisrouvray, es condesa, multimillonaria, como nieta que es, parte de madre, del 'distinguido financiero' (Simón) Patiño". Había colaborado con varios proyectos editoriales y además era guapa.

La llamada "Condesa Roja", estableció según Goytisolo "los límites precisos de su empeño en la empresa: está de acuerdo en adelantar la suma de cien mil francos para la creación de la revista y respetar escrupulosamente su independencia".

Corre marzo de 1970 y Fuentes manda una carta a su amigo Paz. En palabras de Malva "también comentó con repugnancia algo que más tarde seguramente lo ruborizaría si alguien se lo hubiera recordado" y citamos: "Nuestro amigo JLM (José Luis Martínez) reunió a los 'intelectuales' (los buenos) a cenar con LEA (Luis Echeverría Álvarez). Coordinador del *pétit déjeneur*: (José) Iturriaga".

Ahí estaban los escritores "oficiales: Arreola y Arnaiz y Freg, disputándose la palabra para decir gracejadas obsequiosas. Poeta oficial: Novo, le compuso una 'bomba' en la que maitines rima con Martínez. Gorostiza en silla de ruedas. Flancos: Torres Bodet y Martín Luis Guzmán. Espectadores silenciosos: Rulfo, García Terrés...". Habían sido excluidos, sin embargo, los amigos íntimos de José Luis Martínez: "El tlatoani define quiénes pueden participar en los ritos y mirarlo a la cara".

Luis Echeverría, LEA o "'El Señor', como le dicen sus achichincles", narra Fuentes a Paz, estaba en plena campaña. El lema "Arriba y adelante" ilustraba todas las bardas, los puentes y hasta los cerros del país.

El priismo dominante, la selva política del sistema que decía alimentarse de la Revolución mexicana, la diversificación del mercado cultural, abonarán las diferencias de los escritores. Los navegantes del sector cultural irán dando paso a sus economías creativas, a los modos de producción cultural que los acompañarán hasta el final de sus días.

8. La autora se teje entre Paz y Fuentes.

Sigamos los apuntes de quien espulga el sector cultural en una obra de estrellas. Hojeemos de las páginas 370 a 438.

Se lo habrán dicho muchas veces a Malva Flores. Tal empeño le sometería a muy diferentes riesgos. Uno de ellos, natural, el de tomar partido.

Aunque por su trayectoria la postura es obvia, conforme la crónica avanza para colocarse en tiempos de su existir como crítica, como escritora, como parte de un grupo cultural, su devoción por el fundador de las revistas *Plural* y *Vuelta* es desproporcionado.

En consecuencia, Carlos Fuentes va siendo arrinconado en el cuadrilátero de los acontecimientos, como bien el novelista advirtió al referirse a las dotes boxísticas de su, por muchos años, amigo.

Entonces la biógrafa, como juez y réferi, no quedará exenta de lo que bien estime el público al ver los puntajes que otorga a los boxeadores. Como sucede en las peleas que llegan al final de los rounds, no todo mundo quedará contento con el resultado.

Así las cosas, en la arena fascinante, nos situamos en 1970. Paz le escribe a Jean-Clarence Lambert, su traductor al francés. "(…) aunque sigue la lluvia de insultos desde los cuatro puntos cardinales y el centro contra *Posdata*, el librito se ha convertido en el betseller de la temporada y en estos días se prepara la tercera edición". Ello ocurre entre "cursos, la corrección de sus traducciones, la escritura misma y la vida, más bien apacible en Cambridge", cuenta su admiradora.

Septiembre 12. Paz encontró en *Le Monde* una noticia. "Creación en París de una revista en lengua española", cuyo contenido, califica Malva, "no podía ser más afrentoso". Se informaba que reunidos en Sainon el 15 de agosto, Julio Cortázar, José Donoso, Carlos Fuentes, Gabriel García Márquez, Juan Goytisolo y Mario Vargas Llosa habían decidido crear una revista que se publicaría trimestralmente en París, a partir de 1971.

El poeta había sido invitado a dicha cita por la patrocinadora "un cuero de nombre Albina de Boisrouvré", según palabras de Fuentes, a la que el poeta decidió no asistir. "Dos meses después de aquella fecha triste", dice Flores, Paz se animó "por fin" a escribirle a su gran amigo Carlos Fuentes en una "dolorida carta de reproche".

Le dijo: "Si he de creer a *Le Monde*, se me invita a participar en una revista que no es otra que la que a mí se me ocurrió hacer, hace algunos años, contigo y con Tomás Segovia. Es como si se me invitase a comer un plato que yo mismo preparé".

"Las eminencias que componen el Comité de Redacción de la revista no están unidas sino por una vaga celebridad literaria".

La publicación se llamó *Libre* y apareció entre 1971 y 1972, logrando sólo cuatro números. El colombiano Plinio Apuleyo Mendoza, fungió como secretario de Redacción; en una obra suya rememoró que "la remota paternidad de la revista correspondió a Octavio Paz, que tenía para ella el nombre de *El Blanco*".

La respuesta de Carlos Fuentes no llegaría muy tarde al buzón de Paz, una larga carta, dice la autora, "entre dolida, avergonzada, justificatoria o las tres cosas a la vez".

Tecleó el hijo de diplomático: "Gracias por tu carta tan leal y tan franca (…) La verdadera iniciativa, el entusiasmo, la decisión de hacer una revista propia, en París, pertenecían a Goytisolo y Sarduy". Pero eso no significaba que no pudieran hacer "una revista dirigida por ti, con la colaboración de Segovia y mía, en México. No creo que los dos proyectos se excluyan mutuamente; simplemente, llegó el momento de distinguir entre ambos".

Tras este dicho, paso rápidamente para regresar al difícil asunto del financiamiento. Fuentes le comenta que las empresas privadas no aprobarían jamás una publicación crítica y que Echeverría mentía al decir que había "empresarios nacionalistas; todos son tributarios del oligopolio norteamericano".

Atrás de todo este enjuague, advierte Flores, estaba también el fenómeno editorial del *boom*, el cual, según contó José Donoso, terminaría en una fiesta la nochevieja de 1970 en casa de Luis Goytisolo en Barcelona.

De lo citado por la autora de *Estrella de dos puntas*, leamos este fragmento del chileno contenido en uno de sus libros: "Mientras tanto nuestra agente literaria, Carmen Balcells, reclinada sobre los pulposos cojines de un diván, se relamía revolviendo los ingredientes de este sabroso guiso literario, alimentando, con la ayuda de Fernando Tola, Jorge Herralde y Sergio Pitol, a los hambrientos peces fantásticos que en sus peceras iluminadas devoraban los muros de la habitación: Carmen Balcells parecía tener en sus manos las cuerdas que nos hacían bailar a todos como marionetas, quizá con admiración, quizás con hambre, quizás con una mezcla de ambas cosas, como contemplaba a los peces danzantes en sus peceras".

Mientras la editora española "hacía su papel de titiritero" asegura Flores, "Octavio Paz seguía sin aparecer en esas fiestas o convite". A mediados de febrero de 1971 llegó a México. El país, relata la crítica, lo sorprendió nuevamente con la "inesperada, maravillosa y homicida cordialidad de mis paisanos", según le dijo al crítico Emir Rodríguez Monegal.

En el restaurante Passy, en la Zona Rosa, "testigo involuntario de muchos encuentros importantes en la vida del poeta", celebró con Julio Scherer el nacimiento de *Plural*, la revista que el director de *Excélsior* le había propuesto en principio como un suplemento cultural inserto en las páginas de *Excélsior* y donde poco tiempo después defendería la independencia (la "marginalidad") del escritor frente al poder.

Octavio Paz quería una revista, a cuyo nombre, contó Scherer en una de sus obras, "le dimos vueltas y revueltas, como le gustaba decir a Octavio (…) De pronto, como ocurre siempre, dijo Octavio con la certeza de un enigma resuelto: 'Plural'. Ese día, el del bautizo, fuimos a Passy. Los huisquis dominaron la mesa".

El primer número de *Plural* apareció en octubre de 1971, un mes después de que naciera la revista de los otros escritores, *Libre*. Es además el año en que Carlos Fuentes dijo que se respiraban "nuevos aires con el advenimiento de Luis Echeverría".

También es el año de la muerte de Rafael Fuentes Boettiger, padre del escritor. A partir del deceso, cuenta Flores, "podemos ver a un Fuentes un poco distinto de sí mismo. La culminación de esta transformación tiene fecha: 18 de abril de 1975, cuando presentó sus cartas credenciales como embajador de México en Francia, propuesto a ese cargo por el presidente Luis Echeverría. Para honrar a su padre y quizá para reencarnarlo también de esa manera, usó uno de los trajes de su progenitor".

9. "La sombra bienhechora" del Estado cultural.

Llega el noveno numeral que va de las páginas 399 a 437. En la ruta Octavio Paz, la creación de *Plural*, el activismo político de Carlos Fuentes en el gobierno de Luis Echeverría y el ambiente sazonado por las confrontaciones entre los grupos culturales.

El 30 de junio de 1971, Paz le escribió al poeta y crítico Saúl Yurkievich (1931-2005). ¿Recordaba la historia de la revista? Al fin se haría realidad: "Será un mensual en forma de tabloide, con unas 40 páginas y una presentación tipográfica agradable".

El 29 de julio de 1971, Paz le escribió al poeta Henri Michaux (1899-1984) con el propósito de invitarlo a colaborar en la nueva publicación: "La carta adjunta es más bien una especie de hoja de información general. Olvide ese lenguaje escolar de sus vecinos de la Unesco (…)".

Se trata del envío de la invitación firmada por el secretario de Redacción Tomás Segovia (1927-2011): "(…) de cualquier extensión pero no más de unas 20 cuartillas a máquina. En las condiciones de nuestro país, sus honorarios serían desgraciadamente bastante modestos (alrededor de 100 dólares)".

Carlos Fuentes no apareció en el directorio de *Plural* —ni entonces, ni después—. Dice Malva Flores que "si se revisa cuidadosamente (el suplemento) *La Cultura en México* (de) ese año, podrá advertirse que el compromiso editorial de Fuentes ya estaba en otro lado".

En dicha publicación se propusieron contar con seis directores, uno por mes y al segundo semestre reciclarse de nuevo, a efecto de dar diversidad editorial: Fernando Benítez, Carlos Fuentes, Gastón García Cantú, Henrique González Casanova, Carlos Monsiváis y José Emilio Pacheco.

La cronista se entreteje: "Se trató en efecto de un cambio radical cuyo fracaso prefiguraría una de las divisiones más acusadas del campo cultural mexicano. Con el número 539, publicado el 17 de junio de 1972, terminó oficialmente esta fallida aventura de seis directores en una misma publicación".

Terminaba la primavera de 1972 y, en ese junio, Carlos Fuentes organizó para Echeverría una reunión en el Waldorf Astoria de Nueva York con intelectuales norteamericanos y mexicanos entre los que se encontraba Paz, que ese momento residía en Hardvard.

En las páginas de la obra se pasean infinidad de frases contundentes. Por ejemplo, la de Paz en una carta a Rita Guibert (1916-2007) en 1972, en ruta a la creación del Partido Mexicano de los Trabajadores: "García Márquez es un oportunista de la izquierda, un hombre sin ideas políticas, sin ideas *tout court*".

La historia apunta a otro ser no menos polémico, Jaime García Terrés (1924-1996), quien escribió en *Plural* "Los escritores y la política", en octubre de 1972. En el marco de los acontecimientos nacionales veía tres caminos: "Callar, apoyar al régimen o bien rechazarlo", pero se inclinaba por una postura flexible pues la burocracia mexicana no era un accidente del que uno pudiera prescindir: "Raro es el escritor que vive de sus regalías, sin ligas directivas o indirectas con el Estado: a menudo la alternativa reside en vincularse al capitalismo privado, lo cual tampoco depara garantía de independencia".

Ante el empuje logrado por la revista paciana, comienza a surgir la idea de una revista alternativa a la edición de *Excélsior*. Alguien dice: "Vamos a crear una revista. A poner una casa enfrente a la casa *Plural*".

Corte a:

En abril de 1975, Gabriel Zaid refrendó la idea de que la independencia era "la vocación natural de la vida intelectual". Pese a esa vocación natural, era "ridículo infamar a los intelectuales (prácticamente todos) que a lo largo de un siglo han estado viviendo del erario. Ridículo, porque un puesto público no siempre es lugar de corrupción (…) Ridículo, además, porque no había alternativas". Remata: los nuevos intelectuales "lo esperaban todo cada vez más de la burocracia cultural".

Viene entonces Carlos Monsiváis (1938-2010), entre agosto y octubre de 1975, quien en *La Cultura en México* dicta: "En un país donde, para el sector de la cultura, el Estado ha sido todo ¿cuánto tiempo es posible vivir lejos de su sombra bienhechora?".

En ese mismo tablado de grupos culturales y posiciones, aparece Héctor Aguilar Camín (HAC). Relata Malva Flores algunas de las ideas del escritor al referirse a que los productos culturales, antes minoritarios y críticos, habían sido relegados por la emergencia de una literatura "fácil", de consumo masivo, producto de la mercadotecnia. Los intelectuales habían sido cooptados por Echeverría aún más que en la época del porfiriato, pues el presidente había hecho todo para tenerlos cerca.

Y cita a HAC: "El caso de Carlos Fuentes como embajador en Francia resume bien, me parece, la eficacia con que esta actitud política y este 'estilo personal' de relación con los intelectuales, congregó de nuevo, sedujo, convenció o compró a la 'conciencia crítica' del país, le quitó sus armas, la dejó en el aire y desbarató el viejo molde de operación cerrada (firme hacia el interior del círculo poseedor de los secretos) de los productores de la cultura profesional de México".

Es el año de 1975 cuando Enrique Krauze, gracias a Alejandro Rossi, llega a las páginas de *Plural*, quien relató: "Lo conocí (…) frente a los elevadores de un hotel al final de una reunión convocada por Julio Scherer y sus colaboradores después de la expulsión de *Excélsior*, la sucia maniobra organizada desde el gobierno".

Es 1975 el año en el que Zaid publica en *Plural* la demanda de contar con un fondo para las artes que, para muchos, con los años se convertirá en el antecedente del Fondo Nacional para la Cultura y las Artes, el cual hizo suyo Octavio Paz con el presidente Carlos Salinas de Gortari, en 1989. Un hecho crucial que no aparece en las páginas de *Estrella de dos puntas*.

10. Un ensayo que hizo comedia mexicana.

Válgame pues. Llego al décimo numeral y solo resta uno más. Espulguemos como bien se esculca. Tocan las páginas 438 a 526.

Circulan los primeros ejemplares de la revista por tanto tiempo añorada, que se llamó *Plural*. Estamos entre 1972 y 1973. En variados momentos del historial de los protagonistas de estos numerales hay referencias al pago de colaboraciones en las revistas.

Es así como James R. Fortson le pide un artículo a Fuentes para la revista *Él*, a lo cual se niega por considerar "muy poco" el pago, al decir de Flores. Eran 5 mil pesos ¡de esos tiempos! En uno de los libros del afamado entrevistador se lee:

"FUENTES: Mmm, la revista *Plural* paga más que tú.

FORTSON: Eso, lo ignoro —y además, lo dudo—; pero sí sé que *Plural* circula algo así como la décima parte de lo que circula *Él*.

FUENTES: Pero yo pienso en la calidad y no en la cantidad. Ja, ja, ja".

"No era tan cierto lo que Fuentes decía", revira Flores. *Plural*, a través de *Excélsior* le había girado al Bank of America 200 dólares por una colaboración.

Viene entonces una pausa de casi dos años en la correspondencia de las puntas de la estrella, "durante los cuales ocurrieron mucha cosas decisivas en la vida de ambos", añade la biógrafa.

Carlos Fuentes parte a Francia como embajador en marzo de 1975. En un reporte de la cancillería se puede leer que el 3 de abril se entrevistó con el "Consejero Cultural entrante, el licenciado Sergio Pitol, y el agregado cultural saliente, licenciado Guillermo Landa, a fin de coordinar las actividades culturales de la embajada".

En lo que refiere a esa estancia, la autora se ocupa de algunas situaciones ordinarias del servicio exterior, como las dificultades financieras de Fuentes como embajador con el típico ¡no hay dinero! en la Representación.

Siga la rueda de lo finito. Llega la secuencia del "golpe a *Excélsior*" en julio de 1976, que ocasiona la salida de Julio Scherer y muchos de sus colaboradores, así como de Paz con su equipo. El mismo año vendría "el nacimiento de las respuestas", las revistas *Proceso* y *Vuelta*. Un año depués, en noviembre, sale a circulación el periódico *unomásuno* y a su interior, el suplemento *Sábado*, bajo la dirección de Fernando Benítez. Luego, en enero de 1978, surge la revista *Nexos*.

Paz le cuenta al amigo español, el poeta Pere Gimferrer el 13 de julio de ese 76: "(…) Como hay una gran indignación en muchos sectores, no nos será muy difícil encontrar algún dinero (…) Nuestra idea básica es no depender de una sola fuente sino buscar una pluralidad de patrocinios y ayudas".

El 3 de octubre del mismo año le escribió a Alejandro Rossi, desde Massachusetts diciéndole que Gabriel Zaid le informaba de una recaudación de 60 mil pesos en anuncios. "Me pregunto si el resultado final de la cifra no será un poco más debajo de lo que nosotros habíamos calculado. Por mi parte: Marie Jo ha vendido algunos billetes y venderemos más —la acogida ha sido muy abierta y generosa: Monegal ha quedado de enviarme esta semana la lista de las personas que en cada Universidad podrían hacer una campaña de suscripciones de ayuda: 20 dólares (este debe ser nuestro segundo objetivo: conseguir unas quinientas o mil suscripciones de ayuda); en fin, aún no inicio las conversaciones para obtener la subvención de que hablamos porque estoy en espera de que llegue mi amigo Walter Kaiser…".

"¿No participaría Fuentes en esa aventura?" se pregunta Flores.

Deja Palacio Nacional Luis Echeverría y aterriza en la presidencia José López Portillo.

El novelista renuncia a la Embajada de México en Francia el 6 de abril de 1977. La razón: su desacuerdo político con el nombramiento de Gustavo Díaz Ordaz como embajador de México en España. En la revista *Proceso* se daría otra versión: la causa, sus diferencias con el canciller Santiago Roel.

Así las cosas, entre 1976 y 1978 el mapa del sector cultural se afianzaría con una serie de posiciones de poder político, así como de disputa por poderes económicos, fundamentados en el campo editorial, como nunca antes en la historia. Fuentes y Paz habrán de ser líderes en la navegación de esas aguas de la cultura nacional.

Conforme se acerca el final de la obra, la autora hace correr los años con mucha velocidad; al tejerlos borda sus posiciones, engrandece unos episodios, otros los olvida o ignora. Entra en la plenitud de su pasión paciana y krauzera.

Sin duda, la complejidad en esos años del armado de las relaciones entre economía y cultura hace difícil el análisis de los movimientos de la brújula de los señores Fuentes y Paz, inmersos en esa dinámica con la mayor intensidad, no solo por los años acumulados, también por la sofisticación que alcanza ya el sector cultural.

A través de las páginas que esculcamos en este numeral se agolpan épocas más presentes. Son los años 80 que vieron nacer el diario *La Jornada* y su suplemento cultural, así como la entrada del neoliberalismo con los mandatarios Miguel de la Madrid y Carlos Salinas de Gortari.

Es la década que sería marcada por la publicación en *Vuelta* del ensayo de Enrique Krauze "La comedia mexicana de Carlos Fuentes" en junio de 1988. Flores señala que la última publicación del narrador en la revista fue en noviembre de 1986.

Dicho ensayo, que apareció en el número 139 "provocó uno de los más amplios linchamientos en el mundo cultural mexicano del siglo pasado (…) El análisis de Krauze recibió una andanada de denuestos y críticas en la prensa y fue la causa, para todos, de la ruptura entre dos viejos amigos: Paz y Fuentes", cuenta Flores. Muchas páginas de *Estrella de dos puntas*, están dedicadas al acontecimiento.

También es cierto que para esas fechas don Octavio Paz entraba de lleno a los entusiasmos salinistas con su visión modernizadora del modelo económico y de las instituciones culturales. En diciembre sería creado el Consejo Nacional para la Cultura y las Artes (Conaculta) y en marzo de 1989 el Fonca, hechos de enorme relevancia que se extrañan en el historial de las estrellas.

11. El costo de la crítica.

Disfruté mucho el recorrido espulgoso de *Estrella de dos puntas. Octavio Paz y Carlos Fuentes: crónica de una amistad* (Ariel 2020), de Malva Flores. Llego al final con el onceavo numeral, de las páginas 526 a 596.

Estamos en el largo periplo que la autora dedica a la crisis desatada por el ensayo de Enrique Krauze en contra de la literatura de Carlos Fuentes. El episodio del distanciamiento definitivo entre las puntas de la estrella. Rondamos finales de los años 80, con el salinismo en Los Pinos.

En las páginas que restan de esta monumental obra, a la cual he sacado raja para referirnos al sector cultural vivido por los dos grandes autores mexicanos, es tal la velocidad que imprime la cronista a los acontecimientos, que las omisiones sobre ciertos hechos en los últimos años de vida del poeta y sobre todo del novelista, al ser comprensibles por el enorme esfuerzo de estructuración del relato, causan pesar.

La ausencia de esos episodios, tan presentes incluso en los años de la llamada Cuarta Transformación, le restan la fuerza concluyente que, al menos yo, esperaba tras trepidante historial. Y eso da cauce a que se aniden dudas sobre las decisiones de Malva Flores al resolver de esa manera el cierre de su libro.

En el centro el tratamiento de las relaciones de Paz y Fuentes con el neoliberalismo, dicho en toda su extensión y significado. Para mi gusto era obligada esta valoración a detalle.

En un momento dado afirma la investigadora: "No se equivocó Paz, pero su aquiescencia o entusiasmo por las políticas modernizadoras de Salinas fueron un error que lo acompañaría hasta el final de sus días. Poco a poco fue dándose cuenta de ello, pero ya era demasiado tarde. En 1988 y hasta 1991, Paz se equivocó".

Tal reduccionismo no la libra de responsabilidad. Sin duda fue mucho más tiempo esa relación, como se sabe. Baste recordar lo que el gobierno de Ernesto Zedillo intervino en uno de los temas de interés del poeta, el Sistema Nacional de Creadores. Y qué decir de la intentona por darle cuerpo a la Fundación Octavio Paz, cuya génesis y desenlace no es precisamente de digna memoria.

Pero vayamos a las últimas páginas del libro, en las que Carlos Fuentes se va diluyendo.

Cita de una carta de Octavio a Pere Gimferrer, del 12 de julio de 1988, días después de la aparición del lapidario ensayo de Krauze. "La reacción, previsible, no se hizo esperar: varios artículos de desagravio a Fuentes y otros de crítica acerba en contra de Krauze. Naturalmente, no han faltado los renacuajos que dicen uno ya lo escribió que se trata de una maniobra inspirada por mí para desacreditar a un rival aspirante al premio Nobel. ¡Qué infames! Jamás he ambicionado ese malhadado premio es otra mi idea de la gloria y nunca he movido ni moveré un dedo para tenerlo. Pero este incidente ha hecho más amargo mi regreso. No solamente he perdido a un amigo (inconstante y escurridizo, es cierto, pero también inteligente, generoso y cálido), sino que debo soportar callado las calumnias".

Señala Malva Flores: "(…) pero la academia iniciaría, a paso de hormiga, un largo camino de reparación a Fuentes; desagravio que destacó no por analizar críticamente la polémica, sino por silenciar las palabras de Krauze".

En los extremos, *Vuelta* y *Nexos* andan en el máximo esplendor de su confrontación. Dice la autora: "Para 1992, los grupos intelectuales reunidos alrededor de ambos escritores, incluyéndolo, tendrían su propio *affaire* durante la administración del presidente Salinas. La diferencia entre ambos grupos sería, como fue evidente durante la polémica que suscitó el Coloquio de Invierno, el aprovechamiento o no de los recursos públicos y la postura de los intelectuales ante las prebendas del Estado".

En el repaso de los episodios vividos en los últimos años de la década del siglo XX, no cupo la revisión del grupo de Paz con Televisa, como fue asunto ejemplar el foro "La experiencia de la libertad". Tampoco el vínculo con no pocos nichos de los gobiernos federal, estatal y municipal, así como con numerosos corporativos industriales y con célebres empresarios.

No hubo lugar para la ceremonia de creación del Consejo Nacional para la Cultura y las Artes, ni para el surgimiento del Fondo Nacional para la Cultura y las Artes, acto presidido por el propio Octavio Paz, con un discurso singular.

Muchos otros eventos a los que se ligó el ya entonces premio Nobel y de algunos de los cuales da cuenta de manera cruda Rafael Lemus en su libro pareciera escrito como suerte de correlato *Breve historia de nuestro neoliberalismo. Poder y cultura en México* (Debate, 2021), tampoco entraron en *Estrella de dos puntas*.

Si algo tuvieron Paz y Fuentes, es que fueron navegantes del sector cultural; estuvieron inmersos en esa etapa hoy en total descrédito que va de los presidentes Salinas a Calderón.

Valoremos las palabras de Fuentes a su amigo Miguel Ángel Gonzalo a propósito del galardón a Paz, con fecha 11 de octubre de 1990: "Nuestras relaciones son ahora malas, aunque yo lo he mandado felicitar por el Nobel. Tuvimos una larga amistad, pero a veces se cruzan cucarachas en el camino de la amistad. Cucarachas ambiciosas".

Resulta atractivo el recuento de Malva Flores sobre los encontronazos derivados del Coloquio de Invierno hacia 1996, a raíz de una nota de Armando Ponce en *Proceso*.

Es nuevamente la autora como personaje en su relato: "En 'La comedieta de Ponce', Paz expuso sus diferencias con el reportero, señalando las diversas ofertas que el gobierno de Salinas, por conducto de Flores Olea, le había hecho para participar en su gobierno como embajador en España o en Francia como también la que, a través de Manuel Bartlett, le hizo para organizar en su honor un homenaje nacional e internacional o aquella que lo convertiría en el primer secretario de cultura del país, ofertas que rechazó".

Sigue: "(…) negó haber solicitado la renuncia de Flores Olea, pero sospechaba que desde tiempo atrás se tenía contemplada su salida. Para mostrarlo especuló que, al haberle sido propuesta la creación de una secretaría de cultura que él encabezaría, era posible que el cambio de Flores Olea estuviera previsto antes incluso de la realización del Coloquio".

A estas alturas el libro se convierte en un guion cinematográfico o como argumento de una pieza teatral para tener al público al filo de la butaca.

En el artículo "Mi amigo Octavio Paz", publicado en *Reforma* el 6 de mayo de 1998, días después del fallecimiento, Carlos Fuentes escribió:

"Cuando, siendo director de la *Revista Mexicana de Literatura*, me llegó a las manos un ataque salvaje contra Octavio Paz, me negué a publicarlo.

—Entonces usted no cree en la libertad de crítica y de expresión —me dijo el autor.

—En lo que creo es en la amistad —le contesté—. Y aquí no se publican ataques contra mis amigos".

En un tuit del 26 de julio de 2018, en la cuenta @CarlosFuentesOf manejada por su viuda, día del fallecimiento de la otra viuda, apareció una fotografía de ambas: "Londres, 26 de julio. Querida Marie Jo. No solo estás en paz. Amiga mía. Estás con Paz. Silvia Lemus".

Coda. En su obra Flores cita una carta de Carlos Fuentes a Pablo Neruda, publicada en la revista *Proceso*. Lamentablemente omitió referirse a quien encontró esa correspondencia en la casa La Chascona, en Santiago de Chile: fui yo, cuando me desempeñé como agregado cultural de la Embajada de México entre 1996 y 1997. (*https://pasolibre.grecu.mx/malva-flores-una-carta-y-el-tiempo/*).

Los flujos sectoriales desde España

El sector cultural de México se robustece no sólo de las corrientes simbólicas de uno u otro país. Se alimenta de los circuitos comerciales que vienen de distintas naciones.

Para la realidad nacional la lista de países no es muy amplia. Por razones que todos tenemos claras, España constituye uno de esos nutrientes. Por ello el libro *Carmen Balcells, traficante de palabras*, de la escritora Carme Riera (Debate, 2022) suma a la causa que me motiva.

En este relato biográfico se distribuyen episodios históricos, temas, anécdotas, enseñanzas, alegatos y tramas que permiten abordar la obra a la luz de diversidad de intereses.

Sus páginas son como un rehilete que lanza infinidad de colores para iluminar un apartado del desarrollo del sector cultural tanto de España como de México. Esta relación ha sido incesante desde cualquier arista del análisis del mercado de bienes y servicios culturales. No en vano poner en este lugar lo que una agente significó.

En efecto, es el que tiene que ver con la industria editorial, la del autor convertido en marca, la del mercado librero, la del encadenamiento del libro con los medios de comunicación, sobre todo el cine, y la relevancia de una actividad que, pese a los avances del negocio editorial, no es abundante en oficiantes: la agencia y el agente dedicados a representar autores.

Para el biógrafo no existen certezas del tiempo que debe transcurrir para encontrarse en el mejor momento de escribir sobre un personaje. Más aún cuando se ha sido tan cercano, como el caso de Carme

(CR) y Carmen (CB). El que hace el relato de una vida que fue tan próxima, tiene ventajas maravillosas, pero igual una serie de limitaciones comprensibles.

La llamada *papisa* falleció el 20 de septiembre de 2015. Vino al mundo en 1930, en Santa Fe de Segarra, Olujas, Lérida, España. Muy joven llegó a Barcelona, ciudad a cuyo pulso se convertiría en epicentro editorial y lugar de residencia de numerosos escritores no catalanes y foráneos.

Con un sugerente título del cual, tras la lectura salimos convencidos de su rotundo alcance, Carme Riera cumple cabalmente con su amiga y representante. Las fuentes y testimonios son abundantes para lograr un retrato emotivo a la vez que contundente de quien recibiría la denominación de la "Mamá grande" por parte de sus representados, así como por ser en buena medida la instauradora del *boom* latinoamericano de la novela.

Hay en las páginas un catálogo elocuente de la personalidad de Carmen Balcells. Se sintetizan sus cualidades como sus defectos, sus estilos amables como sus pasadas de mano. Ante todo, gracias a la labor del biógrafo, aparece el mosaico de la mujer: solía llorar fácil, fue profundamente emotiva como dura, a la vez inflexible en la defensa de los autores y sus negocios.

Hueso duro de roer, pan con miel, insolente al igual que frágil: océano, río, laguna, charco. Todo ajustado estratégicamente.

Es CB el azote de los editores como de sus empresas, como es una magnífica organizadora de bodas, delicada diseñadora de interiores, mandamás de la agencia multinacional, confabuladora de relaciones "maternoficiales", ajedrecista sin tablero, operadora en la política, es la dama que vivió "entre lágrimas y gastronomía".

Balcells la del origen campesino, la que de chiquilla atendió la carnicería de sus padres, tarea que, dice Riera, le dio filo para su destino; la portadora de amuletos, la esotérica, la que contó con guía permanente para las cartas astrales, la mujer de las rosas y flores amarillas por significarse de buena suerte.

El lector se ve inmerso en el trayecto que arrancó a mediados de los años 50 para convertirse en la Agencia Literaria Carmen Balcells. Tráfico de cuartillas, aseguramiento de historias, acumulación de representados, control de las rutas de miles de contratos que son frentes monetizados.

Tres de la nómina de la agencia vio su dueña en Estocolmo con el Premio Nobel de Literatura en la mano: Gabriel García Márquez, Camilo José Cela y Mario Vargas Llosa.

De tan vasto arsenal de quehaceres, innovaciones e influencias que da cuenta *Carmen Balcells, traficante de palabras*, en esta ocasión me quedo con su determinante presencia como emprendedora y mujer de negocios.

Aprecio su influjo para detonar un cambio radical en la industria editorial y su cadena de valor, como parte del complejo compendio del sector cultural. De hecho, la "Mamá grande" quiso participar de otros nichos del ámbito: no lo logró.

El eje articulador fue lograr hacer confluir un conjunto de escritoras y escritores bajo su mando y visión del mercado. El constituir un cártel capaz de poner condiciones a las editoriales. El *boom* fue "una operación comercial sin precedentes", al decir de Carme Riera.

Con motivaciones no exentas de "moda, mercantilismo y politiquería", en definición de Juan Marcé. Para Manuel Vázquez Montalbán, otro de los fichajes de Balcells, el *boom* se constituyó en "el descubrimiento de un pozo de petróleo que atrae a las compañías explotadoras".

Carlos Fuentes le definió como "*boom*-territorios de La Mancha".

Dio CB jaque mate a usos y costumbres conocidas y forjó la disrupción en esos años 60. Cuenta Riera que el modelo para fundar una editorial se basaba en personas con un buen capital familiar y un gran interés cultural que deseaban transmitir.

Balcells&Co acaparan insumos de producción: van provocando el ajuste operativo de la industria editorial española, cuyas correas hacia México y Latinoamérica se alimentan. Además de la irrupción del agente y de la agencia, se incrementa la competencia tanto como se sienta precedente con la inserción de los anticipos a los autores.

En la lucha por el control de territorios, la traficante lleva al poder político las modificaciones a los estatutos legales y fiscales que beneficien el mercado, a sus clientes, al igual que se irradian las consecuencias a quienes no son parte del negocio.

Asunto de comerciantes fue propiciar numerosos premios literarios, establecer el impacto mediático para fines de venta, consentir la relación con la prensa, rebautizar una corriente del marketing, acentuar la distribución de los libros, poner variedad de formatos en las manos (además del rústico, el Club, Quiosco, Bolsillo y Edición Trade) y sacudir la "grilla" en el gremio con adicciones por las batallas campales.

"Yo me ocupo de los números para que mis representados puedan ocuparse de las letras", fue una de las sentencias de la *madre-papisa*. Para su único hijo, Lluís Miguel Palomares, "la obsesión por el poder fue uno de los motores de vida de mi madre".

"Yo no tengo amigos, tengo intereses", otra del estilo *balcellstein*; ella "la dama astuta y peligrosa" que "no daba consejos, sino órdenes".

Para Carme Riera, con grandes logros en su quehacer literario, se proyecta en una frase publicitaria una de las virtudes de la agente: "La elegancia social del regalo", pues "Carmen sería el ejemplo perfecto de tal manera de actuar".

Por lo mismo CB dictó que "quien regala/bien vende/si el que recibe/lo entiende", al fin que la labor del editor es "la más sexi del mundo".

No en vano Juan Carlos Onetti le proclamó: "Te amo, Carmen Balcells, escribas con cheque o sin él/más vibra mi corazón cuando distingue un talón".

Mientras que Vicente Leñero lanzó: "Sonreía siempre, carajo, siempre a la manera de un vendedor de seguros", al tiempo que José Donoso sostuvo: "¿Si la quiero? No, no la quiero nada, me hace sufrir horriblemente, es una canalla, una perversa".

A lo dicho por el chileno, la respuesta de la agente fue: "Era rencoroso y resentido porque no conseguía ser el rey del mambo".

Por igual dejó para la posteridad lo que le dijo a Rosa Regás: "Ya tenemos el Planeta (el premio), ahora solo te falta escribir una buena novela".

Gustosa de leer los manuscritos sin engargolar, Carmen solía regalar dos libros del mismo título a las parejas, a efecto de que al unísono compartieran sus impresiones.

Tras la revisión de *traficante de palabras* bajo mi interés tan específico, uno de los costados en los que se observan las limitaciones comprensibles, tiene que ver con la insuficiente documentación del negocio llamado agencia. Le faltó y mucho a Riera para ofrecer sustancia que demanda la economía: la arquitectura fina de la empresa.

Por supuesto que al decirlo, no indico que se deberían de revelar las "tripas" del nicho empresarial, lo que por derecho es información confidencial.

Sin duda era viable ir a la "filosofía" del hacedor del negocio, hacerlo "hablar" de las claves de la ingeniería financiera, adentrarnos en ciertos "secretos", vislumbrar el manejo contable de la agente, hacer visibles los criterios monetarios de los autores, el peso fiscal de la actividad, así como de tantos elementos que, para analistas como uno, son cruciales para el estudio sectorial.

Digamos de manera más llana: se perdió una oportunidad de comprender el modelo de negocio. Hacerlo desde un manejo pertinente, hubiera dado a la biografía un "toque" invaluable: ser a la vez una suerte de manual para el aprendiz, como para el profesional en estos menesteres, cuando su precursora, al parecer, nunca se ocupó de transmitir sus conocimientos y habilidades.

En la innovación del negocio, Gabriel García Márquez llegó a representar el 35% de los ingresos de la agencia. La dupla CB-GGM, recobra Carme Riera, construyeron un andamiaje que siempre se acrecentó, aunque al primer encuentro, en 1965, Balcells lo encontrara "antipatiquísimo y petulante".

El tándem entre ellos "sería indestructible".

Hábitos y costumbres los entrelazaron de *pe a pa*. Por citar un ejemplo, por lustros, en su cumpleaños, el colombiano recibió de CB tres mil dólares de regalo.

"Carmen, como banquera suprema, cuida de que la caja tenga siempre efectivo para lo que su autor predilecto requiera", ilustra Carme.

Habla la *papisa*: "Cuando tienes un autor como García Márquez puedes montar un partido político, instituir una religión u organizar una revolución (…) Gracias a él cambiaron las normas que regulan las relaciones entre autores y editores para beneficiar algo más a los primeros, los auténticos reyes de este negocio, los que hacen que la gente lea libros".

Ahí están en su lista de proveedores, con millones de ejemplares vendidos, más los que se acumulen en los años: Mario Vargas Llosa, Nélida Piñón, Isabel Allende ("la autora fue y sigue siendo un activo fundamental de la contabilidad de la agencia"), Camilo José Cela.

Alrededor de 150 autores entre vivos y muertos (la cifra no puede ser exacta, se llegan a citar hasta 300), así como miles de contratos firmados en todas las variantes bajo la triada *balcelliana*: "Tiempo, espacio y formato".

"Los editores han peleado a golpe de chequera (…) y han aceptado subastas inauditas, como si de caballos de raza se tratara", ha dicho el traductor Mario Muchnik, y por su lado el editor José Manuel Lara: "Esta cabrona va a enseñar a todos los agentes a ser igual y no nos dejarán vivir".

El legendario Jorge Herralde subrayó que CB "es una mezcla de Santa Claus con Orson Wells".

Correspondió a Carlos Fuentes sintetizar los atributos de la fórmula religiosa: "Uno de los principales es que allí vive la papisa Carmen Balcells. Barcelona es su Vaticano y sin ella no tendríamos iglesia literaria".

En su reino rechazó a Paulo Coelho a pesar de llevar la recomendación de Nélida Piñón; pero no se pudo hacer de la representación de José Saramago.

Meses después de su muerte, en *Milenio Diario*, el 15 de enero de 2016, el ex presidente Carlos Salinas de Gortari escribió una suerte de crónica de un homenaje celebrado el día 12 del mismo mes: "Durante el evento venían a mi mente las imágenes y recuerdos de más de 15 años de privilegiada relación con Carmen.

"Nos encontramos al inicio de 1999 por recomendación de Gabriel García Márquez. Ocurrió en Madrid, en el hotel Ritz. Ella vestida toda de blanco en un lino impresionante. Después de hacerme pasar por un severo interrogatorio, durante el cual señaló sus dudas con firmeza, terminó convencida con mis respuestas y decidió a partir de entonces ser mi agente literaria.

"Previamente en La Habana yo había compartido con Gabo borradores del texto que escribía entonces, y él insistió que tenía que hablar con Carmen".

Riera es cuidadosa en lo que respecta a los nichos de la vida privada de Balcells. No por ello dejaremos de comprender el entorno familiar y personalísimo de la mujer que fue Carmen, sobre todo en lo que refiere a su presencia física, como a su desbordada pasión por la comida.

"Le hubiera gustado ser alta, delgada y guapa para convertirse en una mujer objeto", refiere Carme. En tanto el editor Carlos Barral llegó a describirla en su novela *Penúltimos castigos* como "una mujer más bien voluminosa, que también caminaba con bastón y resultó ser una famosa agente literaria… Su practicidad casi obscenas".

En el libro viene una cita de Fernando del Paso, de un artículo aparecido en la revista *Proceso*. Carmen, "con la que hemos disfrutado festines pantagruélicos, rociados con los mejores vinos y codornius inimaginables (…) Disfruta comiendo y dando de comer".

Tanto y más nos deja esta espléndida obra biográfica de Carme Riera. Por ejemplo, que CB vendió su fondo documental al Ministerio de Cultura en 2010 consistente en cinco tráileres, con 2.5 kilómetros de documentos, así como una biblioteca de 50 mil volúmenes.

Igual se narra que en la Feria del Libro de Guadalajara, cuando Cataluña fue invitado de honor en 2004, se dispuso de un "Bar Cells", en lugar de estand o de oficina de representación de autores.

Así como que en la Universidad de Guadalajara se creó, en 2016, el Centro Documental de Literatura Iberoamericana Carmen Balcells, con sede en la Biblioteca Juan José Arreola.

Aunque "retirada" de la agencia al inicio del siglo XXI, Balcells llevó a cabo numerosos proyectos empresariales y de gestión cultural, no pocos de gran envergadura, siendo más los que no lograron su plena realización.

En su última etapa buscó vender un paquete accionario de la agencia, sin concretarlo, otro gran tema escasamente ilustrado. En ese proceso se contempló la fusión con la agencia del "Chacal", el agente norteamericano Andrew Wylie, quien llegó a decir que mientras él era "el jardinero de sus autores", ella era "la peluquera del rey".

¿Y el amor? Cerremos con la única cita al respecto: "Lo importante es haberlo conocido. Saber qué es. Y ya está. Es igual que dure siete años o tres semanas".

Nota de Carlos Salinas sobre Carmen Balcells, 15 de enero de 2016, *Milenio Diario*.
https://www.milenio.com/opinion/carlos-salinas-de-gortari/columna-carlos-salinas-de-gortari/el-brillo-de-sus-ojos-memorial-de-carmen-balcells

Notas básicas para la comprensión del *Retablo de empresas culturales* en 2017

Es bastante tiempo el que llevamos dilucidando la economía cultural de México. En innumerables trabajos periodísticos, lo primero que hemos proyectado es la necesidad de una visión sectorial de la cultura. Es decir, convertir en tema cotidiano las características del sector cultural. Éste se configuró a raíz del Tratado de Libre Comercio de América del Norte (TLCAN), con el Sistema de Clasificación Industrial de América del Norte (SCIAN). Tuvieron que pasar 20 años para que se instrumentara la Cuenta Satélite de la Cultura. En 2014 la incorporó el INEGI al Sistema de Cuentas Nacionales. De esta forma, tenemos un marco confiable —que debe enriquecer su cobertura— para mirar el comportamiento de los bienes, servicios, productos y mercancías culturales en la economía nacional.

Son muy diferentes las formas de abordaje y estudio del sector cultural a partir de la Cuenta Satélite. Hay además herramientas que alimentan la mirada sectorial, como la Encuesta Nacional de Ingresos y Gastos de los Hogares. Sin duda nos encontramos aún lejos del cabal aprovechamiento del caudal informativo no sólo del INEGI. También de otras organizaciones como la Unesco y de consultoras como PwC.

Pero también es cierto que hay numerosas zonas desconocidas en la estructura sectorial. No han sido objeto de investigación permanente ya que no significan interés para quienes deberían de tenerlo, como el sistema de licenciaturas, becas y estímulos que tienen las instituciones de educación superior, dependencias como el Fonca o el Instituto Nacional del Emprendedor (extintos al publicar este libro). De fundaciones culturales privadas o del sistema de banca pública y privada.

Mucho menos es considerado en labores tan encomiables como la del Centro de Estudios Estratégicos del Sector Privado. Me refiero a asuntos como el marco jurídico de la economía cultural, la caracterización del trabajo cultural, la pertinencia e influjo en la realidad mexicana de nociones como industria creativa, industria cultural, economía creativa, economía naranja, ciudades creativas, etc.; de lo que son las empresas culturales, de lo que necesitan, de lo que piensa su masa empresarial y las singularidades que les diferencian de otro tipo de negocios.

En el artículo 3o, fracción II de la Ley para el Desarrollo de la Competitividad de la Micro, Pequeña y Mediana Empresa, se incluye en este universo que va de las manos de las secretarías de Economía y de Hacienda y Crédito Público a "prestadores de servicios turísticos y culturales", desde junio de 2006.

La Ley para el Desarrollo Económico de la Ciudad de México, promulgada en junio de 2021, en su artículo 2o, fracción XV, establece entre los objetivos "(…) y fomentar de manera prioritaria el desarrollo de las industrias creativas como entidades generadoras de empleo, riqueza y cultura, siempre que estas cumplan previamente con la normatividad aplicable en materia de establecimientos mercantiles".

Mientras que en el artículo 3o, fracción XVI, define "Industrias creativas: Aquéllas que comprenden los bienes y servicios derivados de actividades económicas con atributos culturales. Entre ellas, las relacionadas con las artes visuales, literatura y publicidad, diseño, animación digital y multimedia, música, gastronomía y todas aquellas en cuyo proceso de elaboración se incorporen expresiones artísticas o creativas".

Sabemos de abordajes de las economías culturales en ciertas entidades federativas. Me refiero a actividades de promoción, como a contenidos normativos. Los podemos encontrar en Oaxaca, por ejemplo, en el Programa Sectorial de Cultura de Oaxaca (2011-2016).

En Jalisco tiene lugar la Ciudad Creativa Digital que conduce el gobierno del estado a través de un fideicomiso que es la Agencia para el Desarrollo de Industrias Creativas y Digitales; igualmente el Municipio de Guadalajara estableció la Dirección de Industrias Creativas como parte de la Coordinación de Desarrollo Económico.

Por su lado, Nuevo León llevó a cabo estudios a través del Consejo para la Cultura y las Artes. En Morelos y Veracruz, hubo una etapa de actividades formativas y de divulgación que fueron pioneras en el campo. También está el caso de Baja California, que alentó el estudio de su sector cultural.

Podemos decir que algunos estados de la federación de una u otra manera, navegan con programas que buscan atender el desarrollo de las industrias creativas y a los emprendedores culturales. Lamentablemente en ese interés no se advierte la noción sectorial que debería ser la columna vertebral para una instrumentación de políticas que la economía nacional demanda.

Un intento de aterrizaje

Y cuando despertamos, siempre habían estado ahí. Las empresas culturales. Eran negocios que no identificábamos así. Tal denominación es un fenómeno del siglo XXI. Por ello son unidades económicas un tanto distantes para la sociedad. Incluso para los mismos dueños y directivos a quienes les endilgamos la etiqueta. "¿Nosotros, una empresa cultural? A ver, por qué", señalan con algún sobresalto. No son pocos los que sencillamente se consideran empresas. A secas. Negocios que producen teatro, venden obras de arte, instrumentos musicales, aplicaciones para celulares, páginas web, libros, artesanías, organizan conciertos, exhiben películas, etc. El vasto mercado de bienes, servicios, productos y mercancías culturales, nos acompaña desde tiempos inmemoriales.

En este siglo también se han intentado acomodar en nuestra realidad categorías importadas —con aval de Unesco, el Banco Interamericano de Desarrollo y de circuitos académicos— como industria creativa e industria cultural. Igual conviven ahora —para bien, para mal— como suerte de sinónimos de empresa cultural. Tanto como el concepto de cultura coexiste a la par de asignaturas como recreación, entretenimiento y esparcimiento. Todo esto junto, pero ciertamente revuelto.

Lo seguro es que en la legalidad que se mueve la economía mexicana, caben unidades económicas llamadas empresas. Empresas culturales. Quizá llegue el día en que, tras ponernos de acuerdo —he sido un ferviente defensor de referirnos estrictamente a empresas culturales— se pueda decirles de otra manera bajo una norma estricta.

Por lo pronto a todas estas categorías les hermana la contundencia de la creatividad como un insumo fundamental en su producción. Igual les une la poderosa carga simbólica que significa la creatividad. A su vez, el ser creaciones y/o innovaciones susceptibles de protección legal para su explotación comercial. No menos importante son las características de su producción: la hay desde piezas únicas —por ejemplo, una obra realizada al óleo— hasta la producción industrial de largometrajes y series de televisión. Al final de este Retablo se encuentra la definición que he concebido de empresa cultural y que sirve de base a este trabajo.

El contacto con la empresa cultural (las del ayer, las de estos días) nace ante todo porque uno es cliente. De esa manera se aprende mucho. En mi caso le sumo la motivación como reportero. Hablo por lo mismo del interés en sus hacedores, sean creativos, empleados, empresarios o directivos. Llevo muchos años tras ellos, en este país, en los que habité temporalmente por ser agregado cultural de México (Chile y Colombia) y donde es posible monitorearlos a distancia (Europa, Asia, con casos extraordinarios).

En todo momento en diálogo para saber de su pensamiento y características. Fue en 2006 cuando en la sección cultural de *El Universal*, por espacio de un año, tuve la entrega semanal "Empresas culturales. El porvenir" que igual era un juego de palabras. Por venir, porvenir. En paralelo no pocas entrevistas, reportajes y discusiones públicas. En ese 2006, lancé mi primera empresa cultural, el portal "Servicios Integrales en Cultura. Ser Cultura", que apadrinó un gran emprendedor, Federico González Compeán, y un maravilloso poeta, Hugo Gutiérrez Vega. Y ni modo… Fracasé.

En 2007, como director de Extensión Universitaria de la Universidad de Ciencias y Artes de Chiapas, fundé el sitio "Sistema de Monitoreo en Economía y Cultura". Luego en 2009, con varios amigos, dimos origen al Grupo de Reflexión sobre Economía y Cultura, en la UAM Xochimilco. El grupo sigue su labor. En 2019 surgió el sitio Paso libre con el lema "Periodismo del sector cultural al estilo GRECU".

En estos últimos años largo es el historial de libros, cursos, talleres, diplomados, conferencias, artículos, ensayos, eventos y actividades con el propósito de conocer en sus entrañas a la empresa cultural.

Un hecho singular fue la reunión de numerosos empresarios en el Puerto de Veracruz, en julio de 2015, con el apoyo del Instituto Veracruzano de la Cultura. En ese marco se gestaron dos ideas. Una de grupo, la necesidad de promover la organización gremial, a través de una cámara de comercio. No prosperó.

La segunda, ante todo personal, de elaborar un reportaje de largo aliento, fundamentado en la aplicación de un cuestionario, tan amplio como fuera posible. Lograr una representatividad nacional, con al menos una unidad económica por entidad federativa. Obtener lo que bien se pudiera. Acumular información y proyectarla. Generar provocaciones.

Con el apoyo de muchos colegas y no pocos desconocidos en cada estado de la república, nació el trayecto del *Retablo de empresas culturales*. Dos años dedicados a levantar esta metáfora que es un homenaje al empresariado cultural, a la vez que una señal de urgencia sobre un estudio riguroso que se requiere edificar con amplitud.

En muchos sentidos, la construcción del Retablo fue a salto de mata. Una frenética búsqueda de interlocutores. De las cuentas que obtuvimos, sellamos la cifra de 350 negocios (micro, pequeños, medianos y grandes en todo el territorio nacional, con diversidad de figuras jurídicas), a quienes les pedimos su ayuda. Concretamos 93.

Con ellos armamos las muy diferentes tendencias, las preguntas convertidas en gráficas. Resultados precedidos de montones de llamadas telefónicas, de docenas de correos electrónicos; antecedidos de promesas de colaboración, enojos, gritos, sombrerazos, desesperación, amabilidades; de consideraciones y compasión… Para la debida valoración, además de la definición de empresa cultural que sirve de base a esta investigación periodística, hemos dispuesto el cuestionario.

Puentes y barrancas

El Retablo quiso responder a un diseño lo más científico posible dentro del periodismo, desde el tamaño de la muestra, el diseño de las preguntas, hasta el número de negocios y su diversidad de actividades. Quería el mejor de los equilibrios.

Pronto la intención se topó con las resistencias de quienes queríamos encuestar, con la complicación para ubicar las empresas, con la disparidad de su grado de desarrollo. En algunos estados, el acompañamiento de mis colegas permitió una indagación más concienzuda, un mayor cabildeo. En otros, como Durango, nada de nada. No logramos nada pese al despliegue de enlaces.

En consecuencia, el Retablo es una etapa más en mi empeño a favor de la economía cultural de México. Si bien el periodista está condenado a una gran dispersión de su trabajo, la reunión de muchos de ellos en el portal del GRECU, los libros que he coordinado y en especial mi obra *Sector cultural. Claves de acceso* (Editarte Publicaciones/ UANL, 2016), permiten corroborar mi marco teórico y la manera en que desde el periodismo hemos construido fuentes de información y estudio.

El Retablo puede leerse como una etapa más en el desarrollo de mi labor periodística. Es importante subrayar que los cuestionarios contienen información no susceptible de graficarse y no poca es para un abordaje en otras modalidades de análisis.

Además, en algunas entidades fue posible tanto levantar el cuestionario, como entrevistar a los empresarios y directivos, lo que generó una profusa narrativa. Estamos hablando de varias decenas de páginas inéditas que aguardan nuevos impulsos.

Al seguir la estructura sectorial del SCIAN, así como observar los tipos de actividades características y conexas de la Cuenta Satélite de la Cultura, agrupamos las empresas culturales encuestadas bajo la categoría de servicios, con su auxiliar de similares, todo por entidad federativa.

Son grupos dispares en número que incluyen algunos casos de unidades económicas que lindan en las fronteras de la masa conceptual descrita líneas atrás. Es decir, que combinan elementos que pasan por la cultura, el entretenimiento, la recreación y el esparcimiento.

Dichas franjas fronterizas (que por resbalosas no son excluyentes) apelan a nociones que abarcan desde productos artesanales hasta servicios vinculados con el medio ambiente y los ecosistemas. De tiendas de artesanías y panaderías gourmet a parques temáticos y ranchos cinegéticos. Los 93 negocios incorporan cabalmente las condiciones básicas de la empresa cultural.

Las conclusiones: ilustrativas, no exhaustivas

1. Las denominaciones "sector cultural" y "empresa cultural", son conceptos por conocer y promover en la realidad del empresariado cultural. El 52% de los encuestados no se considera empresa cultural, pero 33% estimó concebir su negocio a partir de la cultura.

2. Las denominaciones de "industria creativa" e "industria cultural", son conceptos que demandan conocimiento y arraigo en el sector cultural. El 68% de los negocios no tomó en cuenta tales acepciones, como tampoco la de empresa cultural al diseñar su emprendimiento. El 62% no cree en tales etiquetas.

3. Es fundamental promover una definición adecuada y accesible de "sector cultural" y "empresa cultural", así como incorporarlas a la arquitectura legal en el contexto de la economía mexicana, en los ámbitos federal, estatal y municipal. De los encuestados, el 91% consideró que no existe reconocimiento —en cualquier sentido y nivel— para las empresas culturales.

4. Debe promoverse intensivamente el conocimiento y uso de la Cuenta Satélite de la Cultura, así como de las diversas herramientas con que cuenta el INEGI para la comprensión del sector.

Al instituto se le sugiere, por un lado, ampliar su colaboración para las tareas de posicionamiento de la Cuenta. Por otro lado, elaborar un módulo dedicado a las empresas culturales, complementario a lo que ofrece el DENUE, así como incorporar un capítulo de unidades económicas culturales en los censos económicos. El 68% de los establecimientos no han sido objeto de algún tipo de relación con el INEGI.

5. Como en otros ámbitos de la vida comercial del país, en el sector cultural predominan las micro y pequeñas empresas culturales. Hay un notable componente de personas físicas con actividad empresarial, el 41%, y una tendencia —como en la escala nacional— de negocios familiares, con el 38%.

6. Si bien las unidades encuestadas evidencian un interés por la formación económica para la concepción y desempeño de sus negocios, no tienen una cultura financiera arraigada y carecen de instrumental adecuado para el desarrollo de sus empresas. El 58% de los negocios no realizó estudio de mercado para su operación.

7. Las denominadas medianas y grandes empresas culturales, mostraron un marcado rechazo a llamarse así, por lo mismo se negaron a colaborar con la investigación. Denegaron la posibilidad de definirse con las etiquetas de industrias creativas o industrias culturales.

8. Las empresas encuestadas ofrecen un 43% de empleo fijo, que se puede considerar competitivo, frente al 29% que combinan fijos con temporales.

9. El 52% de los establecimientos trabajan en espacios rentados, frente a un 35% que son lugares propios, otra tendencia que se equipara con el comportamiento nacional.

10. El 55% viven de sus negocios, lo que significa que el 45% restante se mueve en el pluriempleo. En esta perspectiva, del conjunto encuestado el 65% no ha solicitado crédito ni de banca social, ni comercial.

11. La creatividad, ese insumo central de la economía y las empresas culturales, ya sea generada en el mismo negocio, o bien adquirida o mediada en el mercado, es el factor decisivo, pues el 94% así lo considera. La definición y adopción de "creatividad" varía mucho y no en todos los casos se tiene claridad de su composición y alcance. Por lo mismo existe una marcada cohabitación de los bienes, servicios, productos y mercancías culturales en franjas identificables con el entretenimiento, la recreación y el esparcimiento.

12. Los encuestados aprecian un clima de negocios; el 37% lo advierte complejo, el 34% en crecimiento. El 75% reconoce que tienen otros negocios culturales cerca del suyo.

13. El Retablo generó un piso de 36 indicadores.

Finalmente, sabemos que existen márgenes de error en este tipo de investigaciones. Son los que imponen el uso de metodologías, los que vienen de la integración del cuestionario, de su interpretación, los que derivan de equipos de trabajo que no son homogéneos, de las aplicaciones a distancia, así como la tendencia a responder apresuradamente o de plano a mentir por parte de los entrevistados. Sin duda, al ir y venir por los resultados se podrán identificar las inconsistencias que de todo ello se pueden desencadenar.

De esta forma, el Retablo de empresas culturales cumple con su objetivo: sentar un precedente al hacer un acercamiento a la realidad empresarial del sector cultural de México. Al hacerlo, señala rutas que tanto periodística, como académicamente, son vitales para contar con instrumentos netamente científicos.

Además, indicamos que si la cultura quiere ser en verdad un motor de desarrollo, demanda una gran cantidad de estudios, de atenciones, de políticas y medidas para que la economía cultural mexicana sea una realidad en todos los sentidos, ya que es un engranaje nodal de la reforma del sector, de la reforma cultural que también venimos impulsando desde hace muchos años.

RETABLO DE EMPRESAS CULTURALES
Cuestionario básico de información

Nombre de quien aplica.
Fecha de entrega para su aplicación.
Fecha de entrega por parte de la empresa cultural.

1. Información general de la empresa cultural.

- Nombre de la empresa.
- Ciudad, estado, municipio, delegación.
- Figura jurídica. En caso de contar con un consejo de administración y estructura accionaria, indique.
- Representante legal y/o dueño mayoritario.
- Tipo de actividad y fecha de inicio de actividades.
- Dirección, teléfonos, correo electrónico y página web.
- Número de empleados y condiciones de contratación.
- Breve descripción del negocio.
- Información de infraestructura: ubicación, metros cuadrados, servicios, etc.
- Indique si es un espacio rentado o es dueño del local, oficina o espacio.
- Indique cuántos años lleva ahí domiciliado.
- Describa qué otros negocios culturales se encuentran cerca o próximos al suyo.

2. Información sobre las características de la empresa cultural y sobre la percepción del sector cultural.

- Describa las razones por las que decidió emprender el negocio.
- Durante el proceso de concepción del negocio ¿se consideró un emprendedor cultural?
- En las motivaciones ¿se consideró un análisis del mercado?
- Para tomar la decisión de abrir el negocio ¿se realizó un estudio de mercado? SI/NO ¿Por qué?

• ¿Se elaboró un plan de negocios? SI/NO ¿Por qué?

• Al momento de emprender ¿se tomó en cuenta la denominación de empresa cultural, industria creativa y/o industria cultural? SI/NO ¿Por qué?

• A partir de lo anterior ¿cree que sería necesario o más funcional definir las empresas culturales como industrias creativas y/o culturales? SI/NO ¿Por qué?

• ¿Cómo describiría el mercado cultural en el que se desempeña la empresa?

• ¿Cómo describiría el clima de negocios culturales en su ciudad, estado, municipio y/o delegación?

• ¿Conoce la Cuenta Satélite de la Cultura de México elaborada por el INEGI? SI/NO ¿Por qué?

• ¿Se estima relevante tomar decisiones a partir de cifras, estadísticas y/o indicadores de la economía nacional y/o local, en lo general y del comportamiento de su nicho, en particular? SI/NO ¿Por qué?

• ¿Se está familiarizado con el sector cultural? SI/NO ¿Por qué?

• ¿En qué medida o con qué importancia se estima depende el negocio de la creatividad de quienes integran la organización, o bien, de una suerte de proveedor de creatividad para comercializar su(s) bienes, servicios y/o productos?

• ¿Se aprecia que las empresas culturales tienen el reconocimiento que merecen como parte de la economía nacional?

• Desde las condiciones del mercado, los programas y estímulos de las instituciones de gobierno (por ejemplo, banca de desarrollo, secretarías de economía, institutos de emprendedores, secretarías o consejos de cultura, etc.) ¿son suficientes, claros en sus propósitos y eficaces para impulsar a las empresas culturales?

• ¿Se estima que las diferentes regulaciones, cargas y obligaciones fiscales podrían cambiar para estimular a las empresas culturales?

• ¿Qué medios publicitarios o de marketing cultural se emplean en la empresa cultural y con qué resultados?

• Quienes integran la empresa cultural ¿viven íntegramente del negocio o realizan otras actividades económicas?

• Describa su aportación al desarrollo de la cultura, entendida más allá de la comercialización.

3. Información sobre la operación de la empresa cultural.

• Describa el catálogo de bienes, servicios y/o productos que ofrece la empresa cultural, señalando la tabla de precios, la escala y promedios de venta.

• Monto de la inversión con la que se inició el negocio y origen de los recursos.

• Describa la forma de evolución de los recursos financieros de la empresa (ingresos/egresos, gastos de operación contra ventas de la manera más detallada posible), indicando la utilidad neta anual.

• ¿La clientela es fundamentalmente del ámbito local o se tiene clientes de otras ciudades, estados, municipios y/o delegaciones?

• Indique el monto de la renta mensual o en su caso, el valor comercial del inmueble si es el dueño.

• Si se tuviera que enajenar o se deseara vender la empresa cultural ¿cuál sería el precio?

• Describa la historia laboral de la empresa. Número de empleados con que inició, variaciones durante el tiempo, condiciones generales de contratación, si aplica seguridad social, programas de capacitación, etc.

• ¿Genera la empresa cultural empleos indirectos? SI/NO ¿Por qué?

• ¿La empresa cultural ha sido censada por el INEGI o ha participado de algún tipo de estudio de economía cultural?

• ¿Se ha accedido a crédito de la banca comercial, de la banca de desarrollo o de otras modalidades como el fondeo, la donación o por la venta de una parte del negocio, aún no siendo una estructura accionaria?

• Háblenos de la clientela, de sus características, de sus pautas de consumo.

• ¿La empresa importa insumos, bienes, servicios y/o productos? Describa.

• ¿La empresa es exportadora? Describa.

• ¿El negocio cuenta con sucursales o es aliado de otras empresas del ramo? Describa.

• ¿La competencia tiene para la empresa alguna importancia? Describa.

• En términos financieros ¿existe planeación? Describa.

• ¿Cuál es la perspectiva de su negocio y del mercado en que se inserta?

Definición de empresa cultural

Unidad económica que desempeña una actividad productiva legalmente establecida, basada en bienes, servicios, mercancías y/o productos que están constituidos, fundamentalmente, por un componente creativo en su cadena de producción, el cual se encuentra protegido por la ley. De igual forma, la empresa cultural coloca en circulación valores simbólicos para la sociedad y que no necesariamente tienen producción masiva ligada a corporativos nacionales y/o extranjeros para cubrir mercados locales y globales.

La empresa cultural comercia bienes, servicios, mercancías y/o productos como resultado de la transformación del proceso creativo y media en el mercado con el propósito de colocarlo a disposición de diversos consumidores y/o clientes y obtener ganancias para permanecer en el mercado.

Es importante señalar que esta definición de empresa cultural incluye a quienes trabajan bajo el régimen de honorarios profesionales, a las personas físicas con actividad empresarial, a distintas formas jurídicas en que se constituyen las micro, pequeñas, medianas y grandes empresas. Se toman en cuenta también a fundaciones, asociaciones civiles, sociedades civiles y fideicomisos, entre otras figuras, que de alguna forma generan actividad económica que interviene en el mercado cultural.

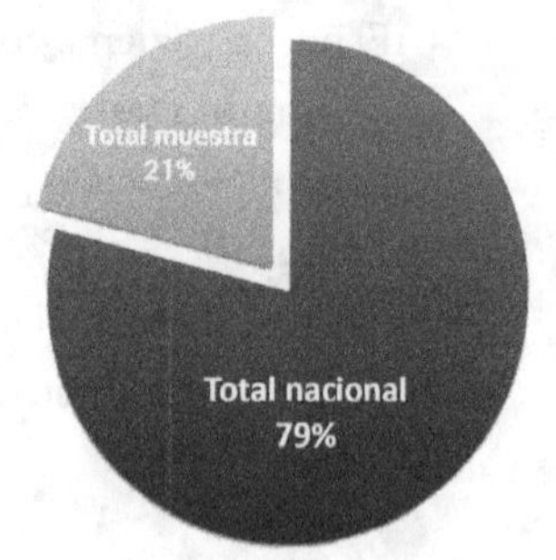

Muestra de 350 empresas culturales a nivel nacional, representativas del sector cultural.

Sólo respondieron al cuestionario 93.

Causas por las que no respondieron:
1. No le interesa 70%
2. Le da inseguridad brindar información 80%
3. Leyó y no le pareció importante 75%
4. Leyó y sintió limitación para responder 65%
5. No tiene tiempo 30%
6. No dio razón, no contestó, ignoró la solicitud 20%

Cuestionarios aplicados entre octubre de 2015 y septiembre de 2017.

Estados y número de encuenstas aplicadas

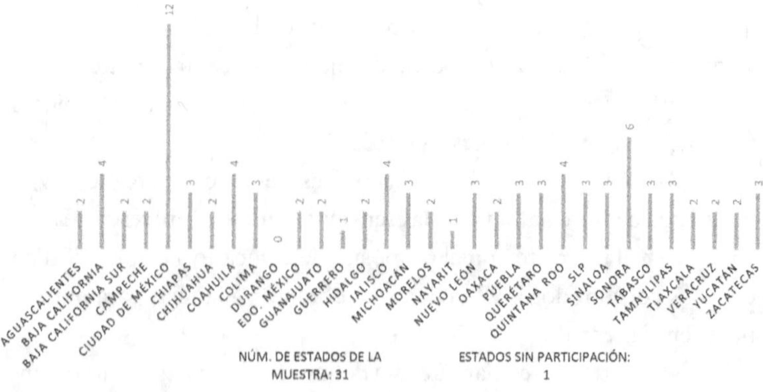

Estados y número de encuenstas aplicadas

Empresas y tipo de acividad

ESTADO	CIUDAD	EMPRESA	ACTIVIDAD	FIGURA JURÍDICA
Aguascalientes 1	Aguascalientes	DS Consultores	Proyectos culturales	S.A.
Aguascalientes 2	Aguascalientes	Fundación Andrés Vázquez Gloria	Promoción y servicios	A.C.
Baja California 1	Tijuana	Centro de formación culinaria y de servicio SC	Educación y formación culinaria	S.C.
Baja California 2	Playas de Rosarito	Baja Estudios	Renta de estudios cinematográficos	S.A de C.V.
Baja California 3	Tijuana	La Caja Galería	Compra venta de arte	S.A de C.V.
Baja California 4	Tijuana	Buscatodo.com	Entretenimiento digital	S. de RL de CV
Baja California Sur 1	San José del Cabo	Cabo Barba	Diseño de interiores y carpintería fina	Persona Física con Actividad Empresarial
Baja California sur 2	Cabo San Lucas	Conexión/Agencia Publicitaria	Medio de publicación impreso para promoción	S.A.
Campeche 1	San Francisco de Campeche	Tríada Diseño y Arte Mexicano	Arte popular contemporáneo	Persona Física con Actividad Empresarial
Campeche 2	San Francisco de Campeche	Elvia de la Vega, Artesanía Contemporánea	Talleres de arte y educación para la promoción cultural para iniciar un negocio	S.C. y A.C.
Ciudad de México 1	CDMX	Remedios Mágicos	Botica de ideas y regalos	S.A. de CV
Ciudad de México 2	CDMX	Canapería	Servicio de banquetes con comida gourmet y artesanal	S.A. de CV
Ciudad de México 3	Benito Juárez	ALP Consultoría y/o Aleksandar Lalicki Posavec	Asesoría y consultoría teatral	Persona Física con Actividad Empresarial
Ciudad de México 4	Benito Juárez	NOBODY	Servicios de producción, venta de películas y videos y materiales audiovisuales	S.A.P.I. de C.V. Sociedad Anónima Promotora de Inversión de Capital Variable
Ciudad de México 5	Benito Juárez	Paso de Gato, Ediciones y Producciones Escénicas y Cinematográficas	Ediciones y producciones escénicas y cinematográficas	Persona Física con Actividad Empresarial y AC
Ciudad de México 6	Cuauhtémoc	Ariel Rojo Design Studio	Diseño industrial	S.C.

Empresas y tipo de acividad

ESTADO	CIUDAD	EMPRESA	ACTIVIDAD	FIGURA JURÍDICA
Ciudad de México 7	Benito Juárez	Fábrica de Éxitos	Estudio de grabación y productora de música, video y contenido digital	S.A. de C.V.
Ciudad de México 8	Benito Juárez	RecPlay Audio	Estudio de grabación y post producción de video	S.A de C.V.
Ciudad de México 9	Benito Juárez	Linterna de Hidrógeno	Contenidos audiovisuales	S.A de C.V.
Ciudad de México 10	CDMX	Durazno 64	Estudio de producción musical y diseño de sonido para publicidad	No contestó
Ciudad de México 11	Benito Juárez	Unión Nacional de Productores Artesanales Coyolxauhqui.	Producción artesanal	S.A de C.V.
Ciudad de México 12	Coyoacán	Escuela de Música Monosound	Escuela de música infantil y juvenil	S.A. de C.V.
Chiapas 1	San Cristóbal de las Casas	Malacate Taller experimental textil	Investigación, rescate y práctica textil	Persona Física con Actividad Empresarial
Chiapas 2	Tuxtla Gutiérrez	La casa azul (tienda +galería)	Galería de Arte, con obra de Hugo Huitzi	Persona Física con Actividad Empresarial
Chiapas 3	San Cristóbal de las Casas	La Galería KIKIMUNDO	Tienda de artesanías finas guatemaltecas	Persona Física con Actividad Empresarial
Chihuahua 1	Ciudad Juárez	Autumn Leave Films	Productora de audiovisuales	Persona Física con Actividad Empresarial
Chihuahua 2	Chihuahua, Chihuahua	Estudio Yeyé	Boutique de diseño multi disciplinario y comunicación grafica	Persona Física con Actividad Empresarial
Coahuila 1	Arteaga	GST Manufacturas de México	Fabricación de piel	S.A. de C.V.
Coahuila 2	Torreón	Librería el Astillero	Venta de libros	Persona Física con Actividad Empresarial
Coahuila 3	Torreón	Casa Montaña	Fabricación y mantenimiento de vitrales, emplomados y cristal grabado bajo relieve	Persona Física con Actividad Empresarial
Coahuila 4	Torreón	Las Mañanitas	Venta de artesanías	No contestó

Empresas y tipo de acividad

ESTADO	CIUDAD	EMPRESA	ACTIVIDAD	FIGURA JURÍDICA
Colima 1	Colima	Taller Azul	Estudio y galería de arte	A.C
Colima 2	Villa de Álvarez	Aromas de Colima	Fabricación y comercialización de perfumería, aroma limón de Colima	Persona Física con Actividad Empresarial
Colima 3	Colima	Galería Mónica Saucedo	Venta de obra de arte	Persona Física con Actividad Empresarial
Estado de México 1	Texcoco	Café Grano de Arena	Café y foro cultural	Persona Física con Actividad Empresarial
Estado de México 2	Estado de México	Ilumiteatro Monumental	Productora de arte y espectáculos	Persona Física con Actividad Empresarial
Guanajuato 1	Guanajuato	Artes Galería Antigüedades	Compra venta de antigüedades	Persona Física con Actividad Empresarial
Guanajuato 2	San Miguel de Allende	Galería Atenea (Comisionista)	Compra y venta de arte	Persona Física con Actividad Empresarial
Guerrero 1	Chilapa de Álvarez	Sanzekan Tinemi	Organización social campesina para producción, comercialización de artesanías y recursos naturales	O.S.S. (Organización Social/Civil)
Hidalgo 1	Pachuca	Dúo Teatro Estudio	Espectáculos teatrales y risaterapia	A.C.
Hidalgo 2	Acaxochitlan	Cueiguería Juan Panes	Venta de pan artesanal cocido en horno de leña	Persona Física con Actividad Empresarial
Jalisco 1	Guadalajara	Explaintoon	Animación digital	S.A. de C.V.
Jalisco 2	Guadalajara	Galería Tiro al blanco	Comercialización de arte contemporáneo	S.A. de C.V.
Jalisco 3	Guadalajara	Con Equis Niños	Diseño y producción de tours culturales para alumnos de colegios privados	S.A de C.V.
Jalisco 4	Guadalajara	Circo Dragón	Producción de espectáculos de circo contemporáneo y enseñanza	S.A de C.V.

Empresas y tipo de acividad

ESTADO	CIUDAD	EMPRESA	ACTIVIDAD	FIGURA JURÍDICA
Michoacán 1	Morelia	Arroyo de las Nueces	Mezcal La Perla de Titizio	S.P.R. de R.L. Sociedad de Producción Rural de Responsabilidad Limitada
Michoacán 2	Morelia	Ediciones Papiro Omega	Servicios de edición y de impresión	No contestó
Michoacán 3	Morelia	Sinestesia Ads Media & Films	Productora de cine, televisión y video. Renta de equipo profesional de televisión	S.A de C.V.
Morelos 1	Cuernavaca	Chinelin Regalos Corporativos	Diseño y producción de regalos artesanales, emblemáticos y corporativos	Persona Física con Actividad Empresarial
Morelos 2	Cuernavaca	Ruiseñor	Confección de ropa con bordados hechos a mano	No contestó
Nayarit 1	Tepic	Tatehuari Arte Huichol	Arte Huichol contemporáneo	Persona Física con Actividad Empresarial
Nuevo León 2	Monterrey	Oficios Ediciones	Edición e imprenta	Persona Física con Actividad Empresarial
Nuevo León 3	Monterrey	Graficante	Gráfica y diseño de arte urbano	Persona Física con Actividad Empresarial
Nuevo León 4	San Pedro Garza García	Fabrica Literaria	Escuela de escritores y empresa de servicios literarios	No contestó
Oaxaca 1	Oaxaca	Muchitos	Diseño de muñecos personalizados	Persona Física con Actividad Empresarial
Oaxaca 2	Oaxaca de Juárez	Larimar/ Galería Alternativa y Consultoría	Galería de arte	Contribuyente menor
Puebla 1	Puebla	Uriarte Talavera	Elaboración de talavera	S.A. de C.V.
Puebla 2	Puebla	La Quinta de San Antonio	Rescate y restauración de mobiliario y muebles antiguos	S.A.
Puebla 3	Puebla	Academia de Ballet Alexandra Danilova	Academia de ballet clásico	No contestó

Empresas y tipo de acividad

ESTADO	CIUDAD	EMPRESA	ACTIVIDAD	FIGURA JURÍDICA
Querétaro 1	Ezequiel Montes	Viñedos Azteca	Producción de vino artesanal	S.A.
Querétaro 2	Santiago de Querétaro	Jati	Fabricación de rompecabezas de madera pintadas a mano	Persona Física con Actividad Empresarial
Querétaro 3	Santiago de Querétaro	Querétaro Lector	Desarrollo de la lecto escritura	S.A.
Quintana Roo 1	Chetumal	Bienes Raíces Con y Can (Galería de Aqui)	Galería de arte	S.A de C.V.
Quintana Roo 2	Chetumal	Alfa Zeta. Diseño y producción editorial	Servicios editoriales de edición e impresión	Persona Física con Actividad Empresarial
Quintana Roo 3	Playa del Carmen	Grupo Experiencias Xcaret	Recreación turística sostenible	S.A de C.V.
Quintana Roo 4	Chetumal	Hermanas Xarcur	Librería	S.A.
San Luis Potosí	San Luis Potosí	Rinoceronte Artes Escénicas	Compañía teatral	A.C.
San Luis Potosí 2	San Luis Potosí	Revista RGB	Revista Cultural	Persona Física con Actividad Empresarial
San Luis Potosí 3	San Luis Potosí	Creart3	Casa productora de artes escénicas y música electrónica	Persona Física con Actividad Empresarial
Sinaloa 1	Culiacán	Pesca deportiva	Cultura del deporte de la pesca y turismo	A.C.
Sinaloa 2	Culiacán	Diseño y Tecnologías Audiovisuales	Agencia de branding	Persona Física con Actividad Empresarial
Sinaloa 3	Culiacán	Pola Foster	Producción de zapatos artesanales	Persona Física con Actividad Empresarial
Sonora 1	Hermosillo	Molino la Fama	Molino y escuela de panadería	S.A. de C.V.
Sonora 2	Hermosillo	Compañía Teatral del Norte	Compañía teatral y producción de espectáculos	A.C.
Sonora 3	Ciudad Obregón	Tres Once Studio	Escuela de danza enfocada al arte escénico	Persona Física con Actividad Empresarial

Empresas y tipo de acividad

ESTADO	CIUDAD	EMPRESA	ACTIVIDAD	FIGURA JURÍDICA
Sonora 4	Hermosillo	GOURMANDISE Consultoría y Capacitación	Centro de capacitación y consultoría en alimento y bebidas	Persona Física con Actividad Empresarial
Sonora 5	Ciudad Obregón	La Biznaga Cartonera	Editorial de producción artesanal	Persona Física con Actividad Empresarial
Sonora 6	Hermosillo	Taza Madero Cafebrería	Cafetería y espacio cultural	Persona Física con Actividad Empresarial
Tabasco 1	Villahermosa	Compañía de Teatro Celestino Gorostiza	Compañía teatral	Persona Física con Actividad Empresarial
Tabasco 2	Villahermosa	UNIVERZOOM	Diseño gráfico y publicidad	Persona Física con Actividad Empresarial
Tabasco 3	Tacotalpa	Ed Joyería Artesanal	Joyería artesanal	Persona Física con Actividad Empresarial
Tamaulipas 1	Reynosa	Zoológico de Reynosa	Entretenimiento interactivo y recreativo, para convivencia con los animales	Persona Física con Actividad Empresarial
Tamaulipas 2	Reynosa	Rancho "NAKURU"	Rancho para reserva cinegética y actividades recreativas	Persona Física con Actividad Empresarial
Tamaulipas 3	CD. Victoria	Haeberli Piel Artesanía Tamaulipeca	Diseño y elaboración de artículos finos de piel	Persona Física con Actividad Empresarial
Tlaxcala 1	Tlaxcala de Xicoténcatl	Tujlux EcoViajes	Empresa turística de viajes bioculturales	R.I.F.
Tlaxcala 2	Tlaxcala de Xicoténcatl	Render Producciones	Producción audiovisual	Ninguna
Veracruz 1	Xalapa	Toco madera	Reparación especializada de instrumentos de viento (madera y metal)	Persona Física con Actividad Empresarial
Veracruz 2	Xalapa	Gallo Colors	Fabricación de calzado textil artesanal	Persona Física con Actividad Empresarial
Yucatán 1	Mérida	Cultura y Tradiciones de Yucatán	Promoción de actividades culturales	S.A. de C.V.
Yucatán 2	Mérida	Aforo Gestión Cultural	Consultoría y formación en gestión cultural, comunicación y marketing cultural	Persona Física con Actividad Empresarial
Zacatecas 1	Zacatecas	Artemisa	Comercialización de artesanías y dulces de la región	Persona Física con Actividad Empresarial
Zacatecas 2	Zacatecas	Texere Editores	Publicación de libros académicos	No contestó
Zacatecas 3	Zacatecas	Centro Cultural La Cáscara	Producción y diseño de espectáculos	A.C.

Constelación de figuras jurídicas y régimen legal

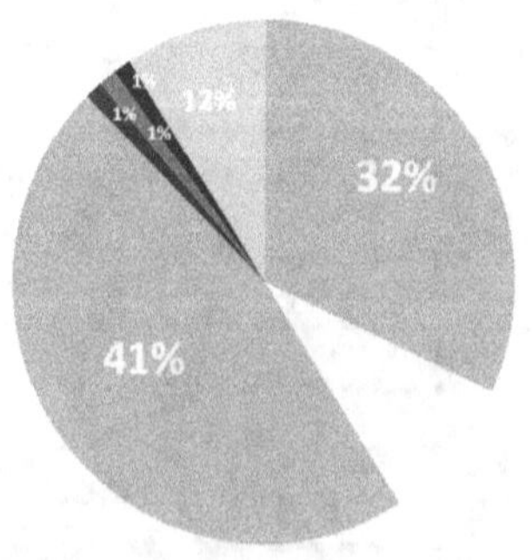

S.A., S.A. DE C.V., S. DE R.L. DE C.V., S.A.P.I. DE C.V.

AC, SC, OSS

P.F.

OTRAS (S.P.R. DE R.L.)
Contribuyente menor

Ninguna

No contestó

Régimen de Incorporación Fiscal (RIF)

S de R.L	(Sociedad de Responsabilidad Limitada)
S. A. P. I. de C. V.	(Sociedad Anónima Promotora de Inversión de Capital Variable
SPR de RL	(Sociedad de Producción Rural de Responsabilidad Limitada)
O.S.S	(Organización Social/Civil)
P.F.	(Persona Física con Actividad Empresarial.

Tipos de empleados de las empresas

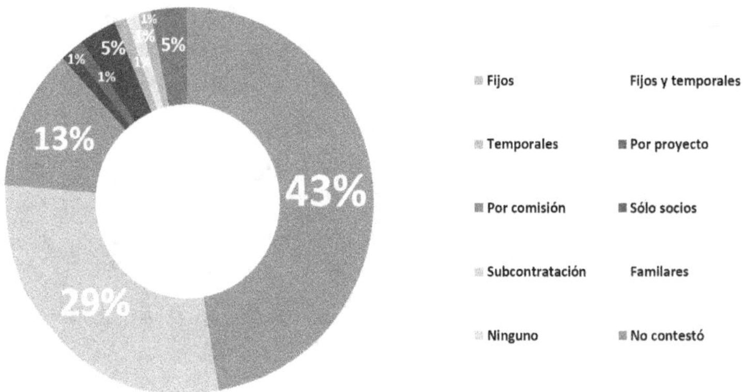

Sede de las empresas

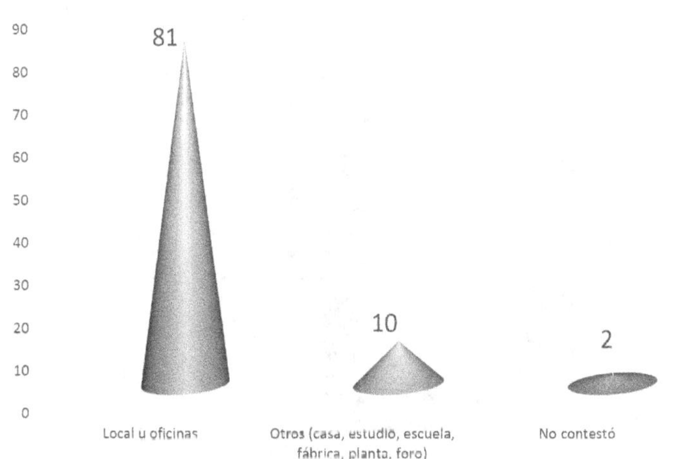

Tipo de sede de las empresas

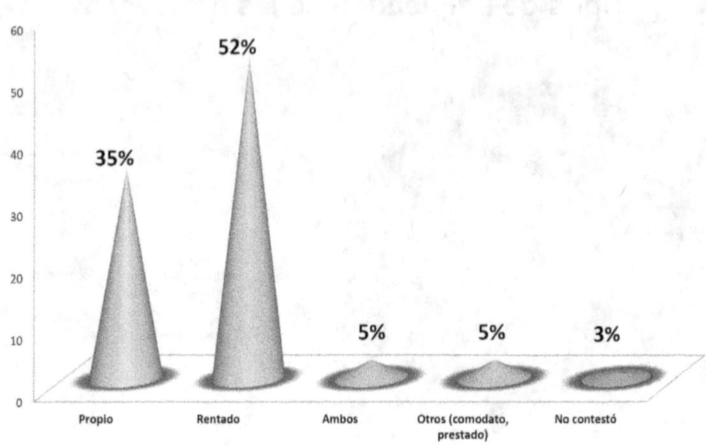

Negocios culturales cercanos/próximos a las empresas encuestadas

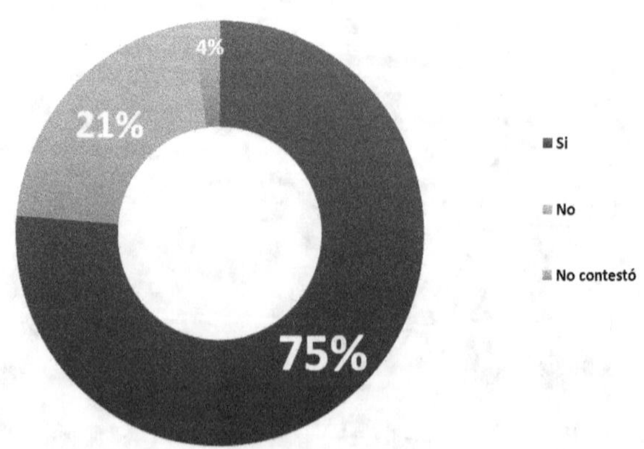

Razones de la creación de la empresa

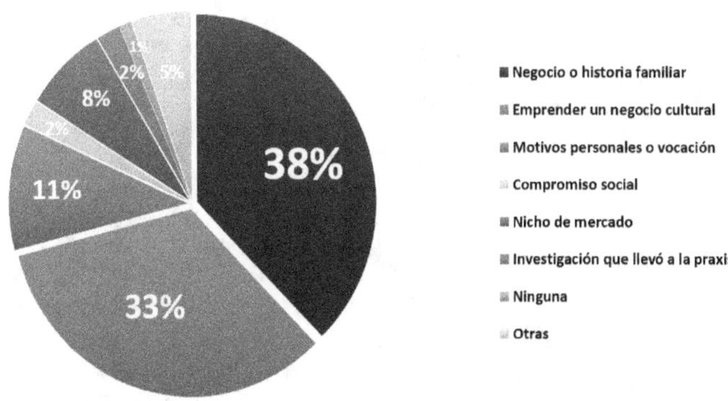

Se consideraron empresa cultural

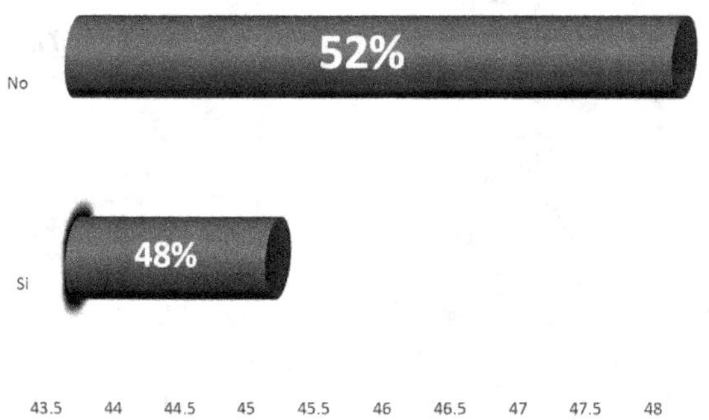

Realizó estdio de mercado previo a su creación

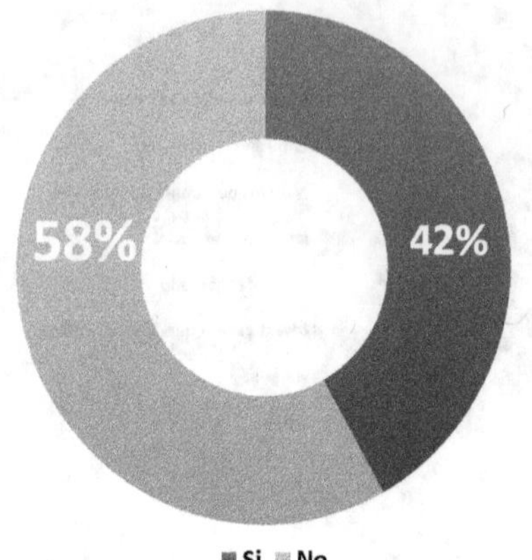

Razones SÍ
- Conocer la competencia
- Para conocer las necesidades
- Para conocer el mercado
- Para impulsar al sector
- Ampliar la oferta
- Oportunidad de inversión

Razones NO
- No había competencia
- Ya se conocía la situación
- Se realizó de manera experimental
- Intuición
- Requería vender de inmediato
- Tradición
- No lo consideraron negocio
- Estrategias anualizadas
- Conoce el mercado

Al momento de emprender, se tomó en cuenta la denominación empresa cultural, industria creativa o industria cultural

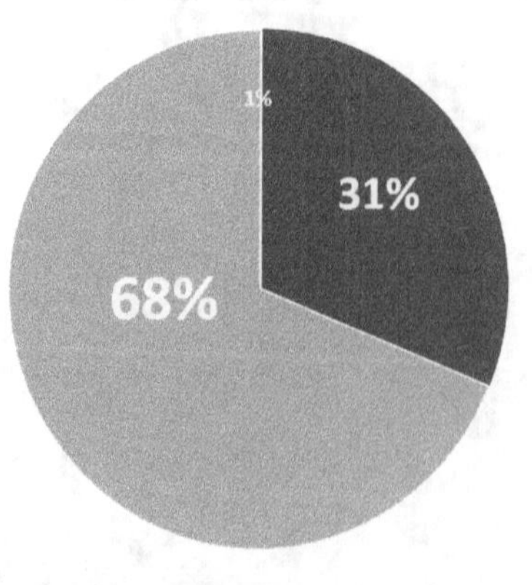

Razones SÍ
- Todos los involucrados tenían profesiones afines al arte y la cultura
- No existía nada en la región, pioneros
- Teníamos información
- Impulsar la cultura
- Por el propósito del negocio
- Innovación

Razones NO
- No existía el concepto
- No se conocía el concepto
- Era sólo una investigación
- Sólo concebíamos la organización
- No sabe la diferencia

Sería necesario o funcional que existiera el concepto empresa cultural/industrias creativas o culturales

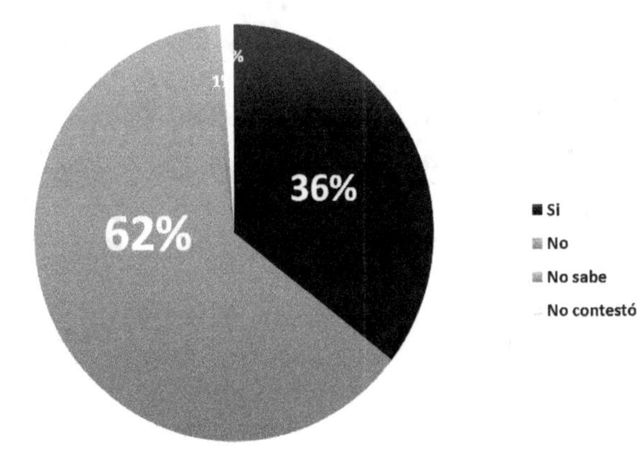

Clima de negocios

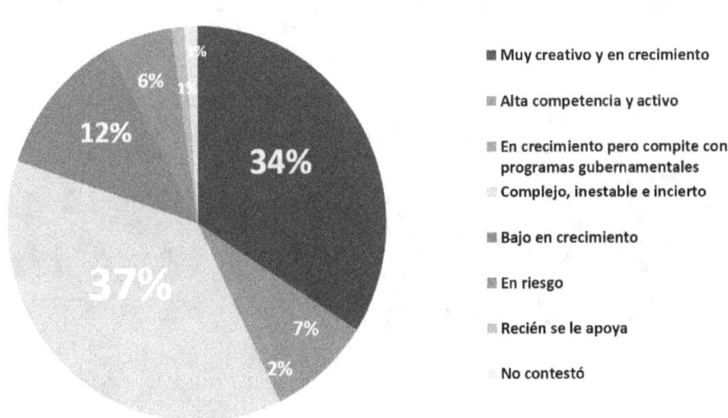

Conoce la cuenta Satélite de Cultura

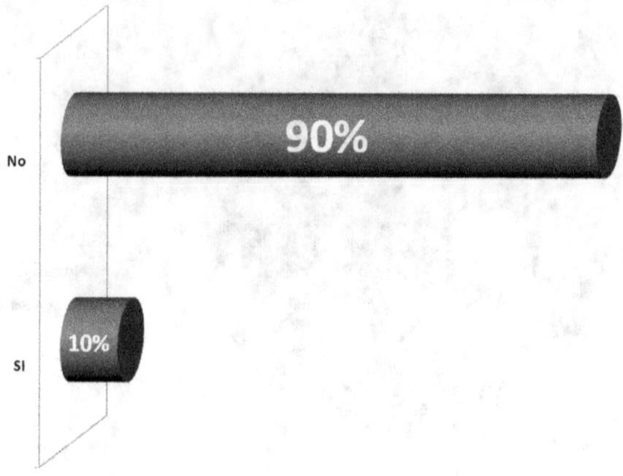

Se estima relevante tomar decisiones
a partir de cifras, estadística y/o indicadores

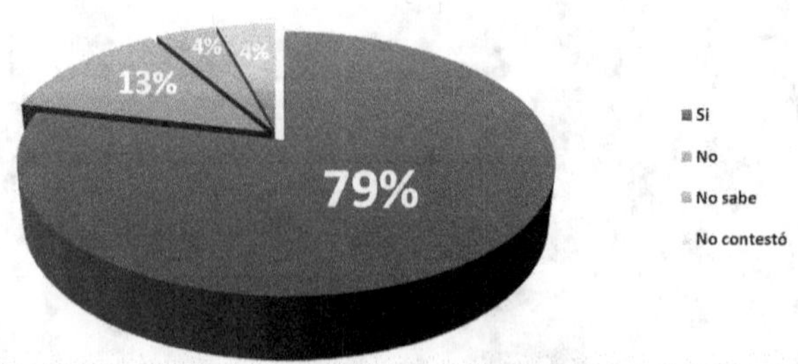

Depende el negocio de la creatividad de quienes lo integran o de proveedor de creatividad para comercializar

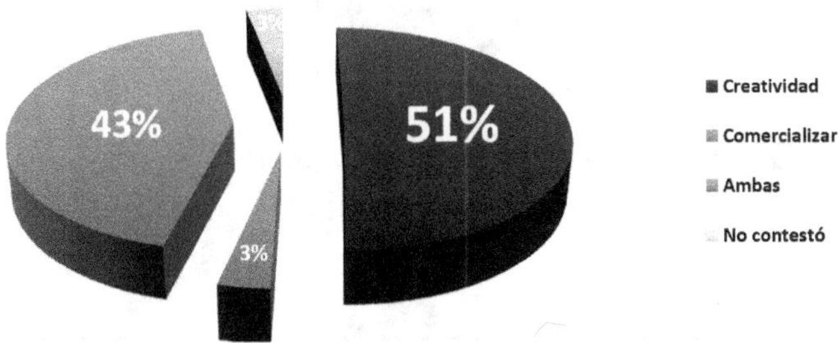

Existe reconocimiento para las empresas culturales

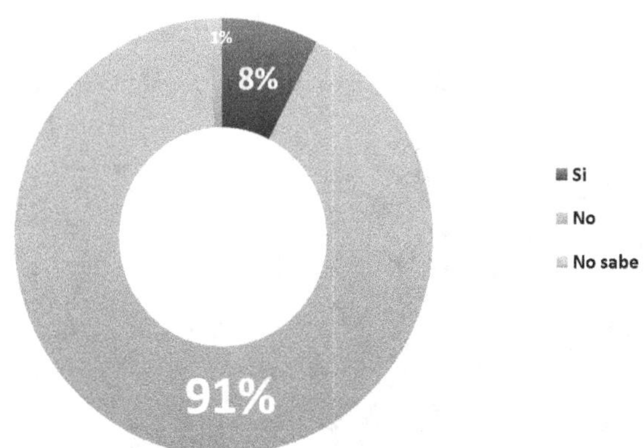

Son suficientes los programas y estimulos del gobierno

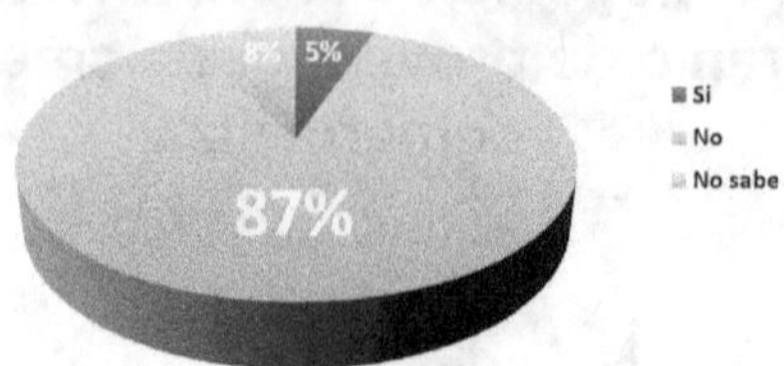

Debe haber cambios en regulaciones y cargas fiscales

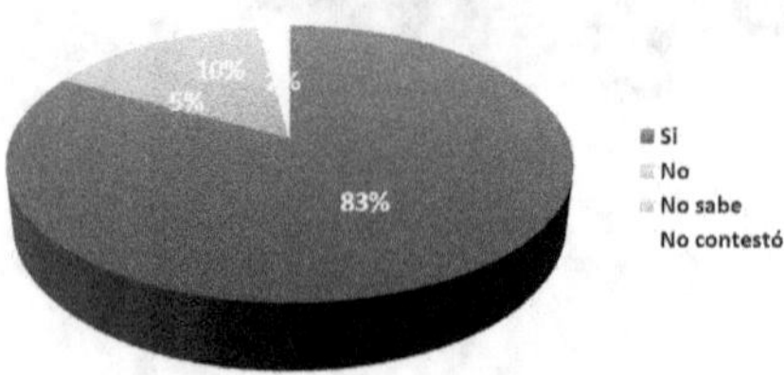

Medios de publicidad o marketing

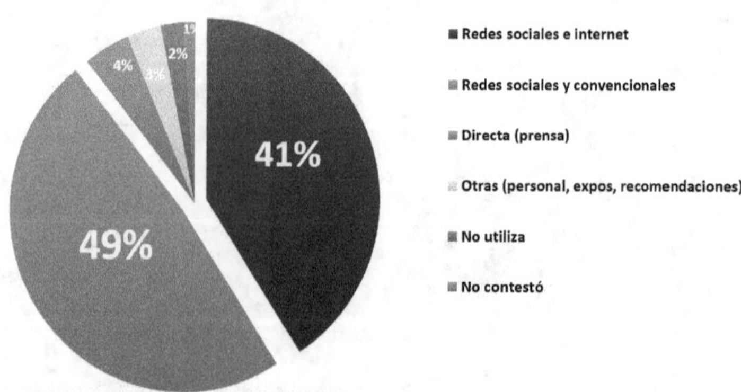

Viven del negocio

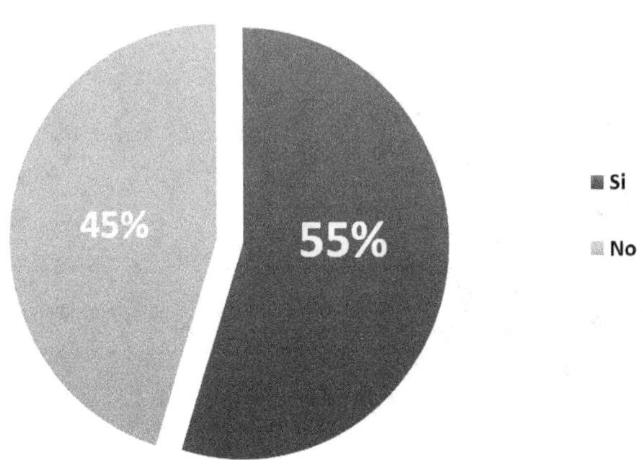

Cuenta con catálogo de bienes y/o servicios

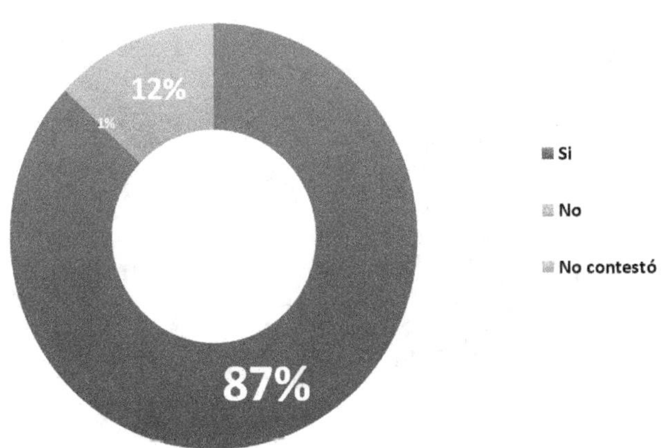

Inversión inicial (miles de pesos)

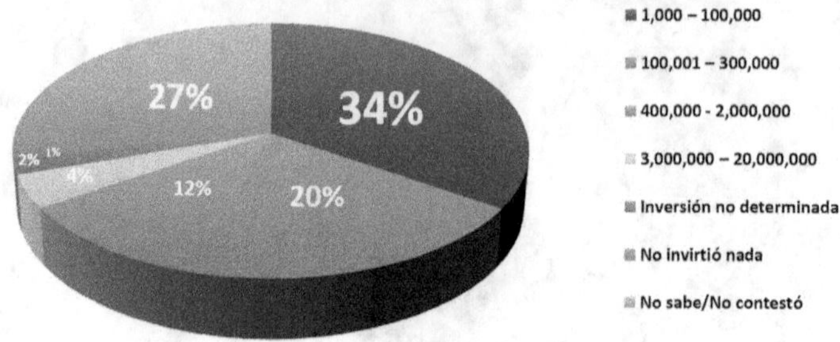

Evolución de los recursos financieros

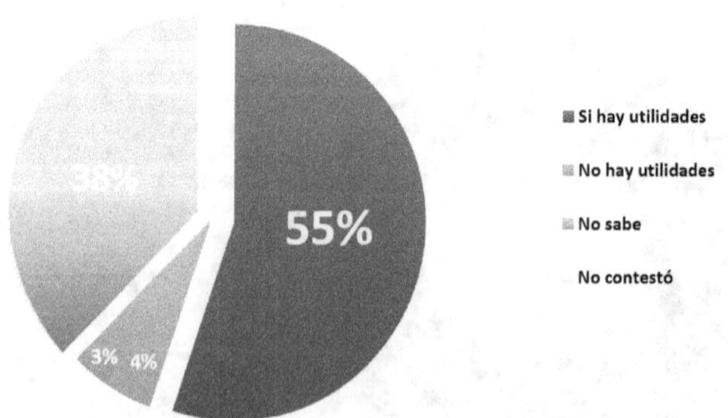

Tipo de clientes

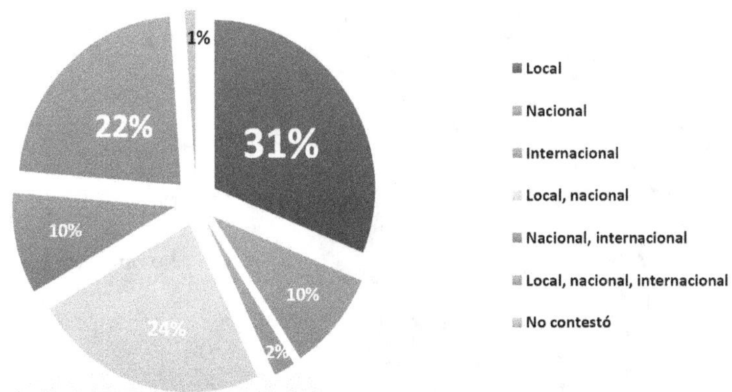

Valor de la empresa
(miles de pesos)

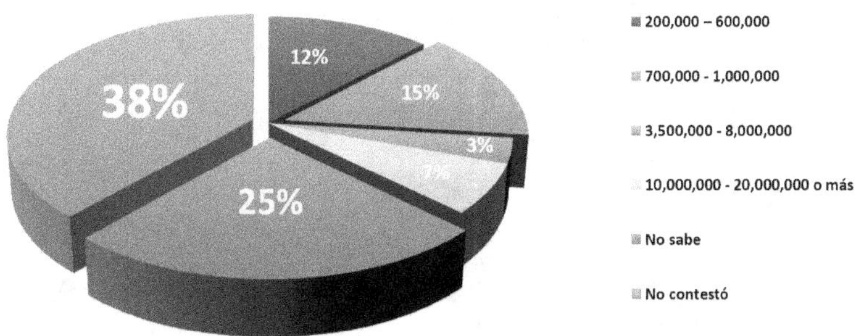

Genera empleos indirectos

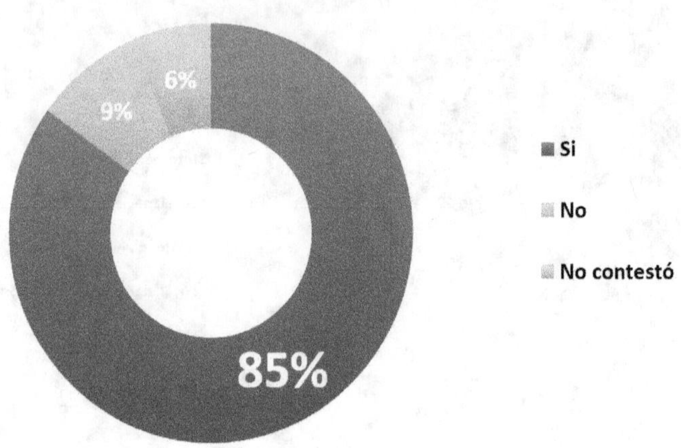

Censada por el INEGI

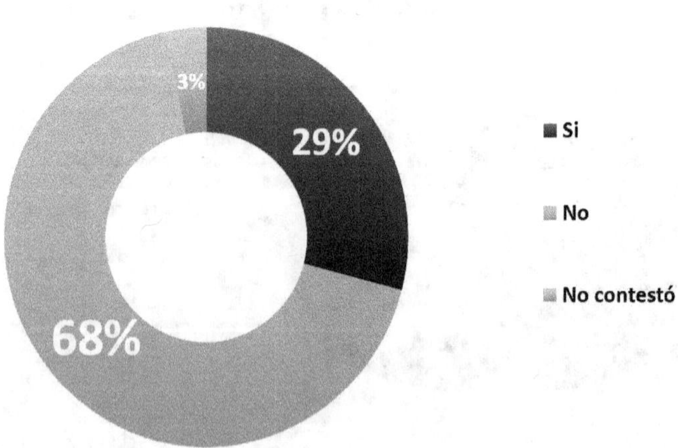

Gestión y otorgamiento de créditos

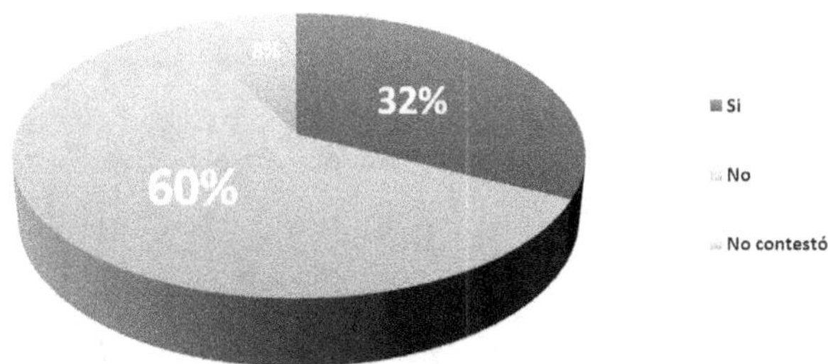

Con cuáles instituciones crediticias ha gestionado créditos

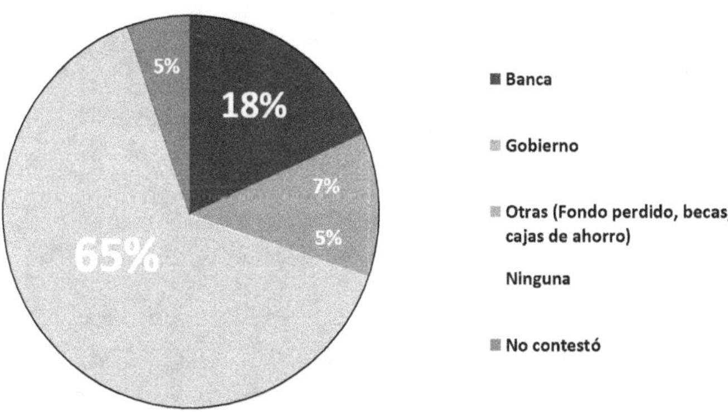

Perspectiva del negocio y del mercado en el que se inserta

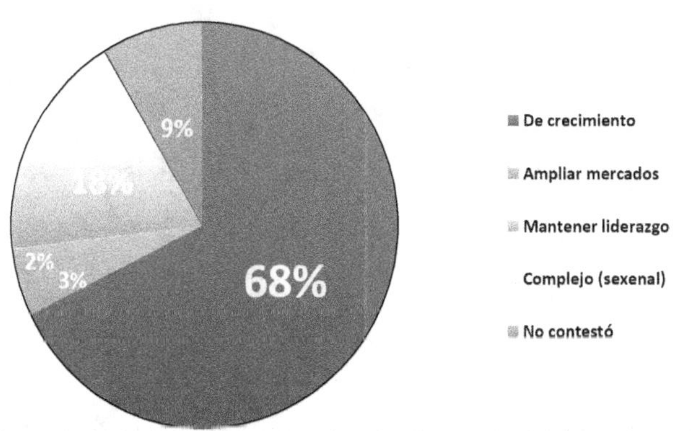

99

Carrusel al filo de la 4ª Transformación (4T): lluvia de cifras, tanteos, aproximaciones, escenarios, numerales para vivir el otoño e invierno[*]

R ecordar para intentar comprender. Vistas a la memoria de los años 2000 a 2018, a los momentos y protagonistas de las transiciones sexenales.

Va un breve relato para revisar la película de un tiempo que parece borrado. El lector puede abonar, corregir, añadir en sus acervos lo que bien considere conveniente. Relatar a quien bien guste otros enfoques de una historia aún por documentar.

En el año 2000 de la alternancia figuró Sari Bermúdez, quien acompañó la puja de Vicente Fox por la Presidencia de la República, con notable apoyo del dramaturgo Víctor Hugo Rascón Banda. En un momento dado, se llevó a cabo una consulta "a especialistas y público en general", con el afán de hacer participativa la política cultural del

____

* El conjunto de datos que se presentan fueron obtenidos de múltiples notas periodísticas, del Presupuesto de Egresos de la Federación en sus distintos momentos, de solicitudes de acceso a la información, de informes anuales de gobierno, de informes trimestrales de la Secretaría de Hacienda y Crédito Público, de informes de la Auditoría Superior de la Federación, de entrevistas realizadas y testimonios directos de numerosos directivos de ONG's, de búsquedas en dependencias de gobierno en sus tres niveles, y de elaboraciones propias a través de mi tarea como reportero y particularmente en el periodo que abarca este reporte. Por lo que refiere a las cifras de la Cuenta Satélite de la Cultura, se presentan ajustadas al año base de 2013. Este 2023 ocurrirá nuevamente el cambio de año base, al 2018 por cual se volverán a mover algunos valores. Ruego tenerlo presente.

foximo. Incluso la revista *Letras Libres* se involucró en el proceso. Se llegó a alentar que la titularidad del Consejo Nacional para la Cultura y las Artes sería fruto de una selección de aspirantes por méritos, lo cual no ocurrió. Al final Sari Bermúdez en la titularidad del organismo, fue arropada por Rafael Tovar y su equipo, lo que facilitó que muchos de sus colaboradores traspasaran el umbral sexenal. La primera alternancia en el Poder Ejecutivo de la nación cedía paso a un proyecto iniciado en 1988, el cual lideró Tovar a partir de 1992, tras el enfrentamiento entre Víctor Flores Olea y Octavio Paz, a raíz del Coloquio de Invierno y que le costó el cargo.

Con Felipe Calderón resultó distinto. No hubo un equipo de campaña para los asuntos culturales, fueron escasos y poco vistosos los actos de consulta con la "comunidad cultural" y cerca del cambio de poder se perfiló Sergio Vela, amigo del futuro mandatario y a la vez cercano de Rafael Tovar hasta ese momento del 2006. Tiempo después, al asumir Tovar las celebraciones del Bicentenario y tras su renuncia ante el desbarajuste de las conmemoraciones, vino un distanciamiento que duró hasta la muerte del entonces secretario de Cultura en diciembre de 2016. El arribo de Vela propició otro periodo de continuidad.

En muchos sentidos, la campaña cultural de Andrés Manuel López Obrador superó con creces a la de Calderón, lo que incluye la oferta de crear la Secretaría de Cultura y hasta adelantar el nombramiento de Elena Poniatowska como titular del ramo. Son importantes también las figuras de Paco Ignacio Taibo II y del tapatío Raúl Padilla, con quien se editó un libro que fue visto como plan de gobierno, coordinado por Eduardo Nivón y en el cual yo mismo participé titulado *Políticas culturales en México: 2006-2020. Hacia un plan estratégico de desarrollo cultural.* En este sentido del relato hay que agregar el activismo de muchos intelectuales y artistas durante el plantón poselectoral en avenida Reforma.

Directora del Fondo de Cultura Económica desde el foxismo, Consuelo Sáizar se encumbra tras la renuncia de Sergio Vela al Conaculta. Durante su gestión, la editora lleva a cabo el mayor deslinde de la herencia tovarista, pero el tiempo no le alcanza para el golpe de timón definitivo. En diciembre de 2012, se publica *1988-2012. Cultura y transición* (UANL/ICM), obra colectiva que coordiné al lado de Carlos A. Lara, pieza que por primera vez intenta una valoración de dicho periodo en el sector cultural y ofrece un conjunto de testimonios de personajes de esos años.

Por otro lado, a Enrique Peña Nieto le marcó de manera radical su desafortunada presencia en la Feria Internacional del Libro de Guadalajara en 2011, con aquello de los títulos de los libros. En el lapso electoral, fue común recordar el proselitismo partidista de los candidatos a la presidencia Carlos Salinas y de Ernesto Zedillo en 1988 y 1994, para advertir la descomunal diferencia en el manejo de los contenidos y protagonistas de la cultura en la campaña de 2012. Desdibujado el panorama peñista, sin grandes eventos, la figura de Rafael Tovar y de algunos de sus colaboradores cobraron relevancia.

Es hasta una cita en la casa de campaña peñista en Las Lomas, que María Cristina García Cepeda aparece como coordinadora del tema en la transición gubernamental. Se especula que Tovar podría ir a Educación Pública, a Relaciones Exteriores, a Turismo. Sin embargo, su designación por tercera ocasión en el Conaculta sorprende ante todo por la deliberada inducción de que la titular del Consejo sería "Maraki", quien finalmente se hace cargo del Instituto Nacional de Bellas Artes y Literatura, dejando atrás un periodo de 12 años conduciendo los destinos del fideicomiso del Auditorio Nacional (los sexenios de Fox y Calderón).

Las drásticas diferencias con Emilio Chuayffet, a quien encomiendan la SEP, se hacen evidentes desde el inicio de la administración. Se dijo que la razón era que deseaba a Teresa Franco como titular del Conaculta. La historiadora había colaborado con Tovar en el largo periplo del Consejo salinista/zedillista. Una (nueva) mala fortuna de Sergio Raúl Arroyo al frente del Instituto Nacional de Antropología e Historia le lleva a renunciar en la tercera época tovarista (cargo que ostentó y al cual tuvo que renunciar en tiempos de Sari Bermúdez). De esta manera Franco regresó al INAH (en la administración de Sáizar estuvo al frente del INBAL).

En su tercera residencia en las oficinas de la calle de Arenal, en Chimalistac, a Rafael Tovar le corresponde organizar la celebración del 25 aniversario de creación del Conaculta, cita que tiene lugar en el Museo Nacional de Antropología, siendo el orador principal el poeta Hugo Gutiérrez Vega. Varias obras inconclusas del periodo de Sáizar desatan entre 2013 y 2014 una campaña en su contra en medios y redes, gracias a numerosas filtraciones alentadas desde Chimalistac. Es importante subrayar que una herencia le toca anotarse como éxito a Tovar al inicio de su gestión: la puesta en marcha de la Cuenta Satélite de la Cultura.

Para cerrar estos apuntes recordemos que, en el proceso electoral para suceder a Peña Nieto, los distintos aspirantes a la presidencia prácticamente no abordaron lo relativo al sector cultural. Hacia el mes de abril cuatro de los cinco candidatos a la primera magistratura fincaron responsables del tema: Alejandra Frausto (Juntos haremos historia), Raúl Padilla (Por México al frente), el eje Beatriz Paredes-César Moheno (Todos por México), y Consuelo Sáizar (por la candidata independiente Margarita Zavala). Estos representantes se reunirían por primera vez en el mes de mayo en el Diálogo por la reforma cultural, en el Centro Cultural Roberto Cantoral, promovido por el Grupo de Reflexión sobre Economía y Cultura, y Editarte Publicaciones en el marco de la edición del libro *¡Es la reforma cultural, Presidente! Propuestas para el sexenio 2018-2024* casa editora dirigida por More Taffoya y Francisco Moreno.

Que la memoria puede ser hierba: el aporte del PIB cultural de México (2008-2019). Cuenta Satélite de la Cultura de México.

Veamos la evolución del PIB cultural, de la manera más sintética, a través de los años que podemos contar, por primera vez, en la historia cultural de México.

Año 2008 3.7%. Se registran 1 277 482 Puestos de Trabajo Ocupados (PTO). El mercado ocupa el 3.0%, la Producción cultural de los hogares 0.6% y la Gestión pública 0.2%.

Año 2009 4.0%. Incremento pese a la crisis global y local en la economía. Sin embargo bajan los PTO a 1 234 272.

Año 2010 3.8%. Se recupera el empleo a la cifra de 1 247 804.

Año 2011 3.6%. Más recuperación, sumaron 1 261 076.

Año 2012 3.5%. El Mercado ocupa 2.7%, la Producción cultural de los hogares 0.6% y la Gestión pública 0.2%. Puestos de trabajo 1 292 187.

Año 2013 3.5%. Suben los puestos de trabajo 1 314 988.

Año 2014 3.4%. Este año entró en vigor la Cuenta Satélite con la serie 2008-2011. Se incrementan los PTO a 1 317 296.

Año 2015 3.4%. Mercado 2.6%, la Producción cultural de los hogares 0.6% y la Gestión pública 0.2%. Puestos de trabajo 1 349 036.

Año 2016 3.3%. Cambio de año base al 2013. Mercado 2.5%, la Producción cultural de los hogares 0.6% y la Gestión pública 0.2%. Puestos de trabajo 1 377 763.

Año 2017 3.2%. Se reportan PTO por 1 417 825.

Año 2018 3.2%. El Mercado ocupa el 2.4%, la Producción cultural de los hogares 0.6% y la Gestión pública 0.2%. Los PTO 1 417 825.

Año 2019 3.1%. Los tres campos del PIB conservaron los mismos valores pese a la baja. Los puestos de trabajo sumaron 1 394 551.

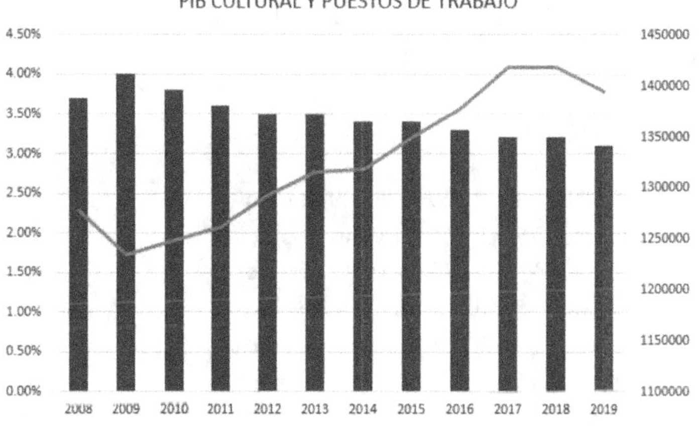

En cifras redondas, de 320 mil millones de pesos de PIB en el 2008, pasamos a 661 mil 505 millones de pesos en el 2017, casi el doble. En puestos ocupados, de 988 mil en 2008, pasamos a un millón 384 mil en 2017.

Sumar los miles de millones de pesos de cada año desde que tenemos Cuenta Satélite de la Cultura es una tentación de significados, pues ¿qué nos pueden decir más de 3 billones de pesos como aportación de la cultura a la economía nacional entre 2008 y 2016? Nos dan miedo los billones. Y muchas ganas de ir más al fondo, pero no hay cómo…

Ejemplos PIB culturales locales, según distintas fuentes:

Oaxaca al año 2009 fue de 6.5% (Valor Agregado Censal). Fuente: Programa Sectorial 2011-2016.
Ciudad de México al año 2014 fue de 2.8% (Valor Agregado Censal). Fuente: Indicadores Unesco/Secretaría de Cultura CDMX, 2018.
Nuevo León año 2012 fue 1.6% (Valor Agregado Censal). Fuente: informe de Conarte y Consejo de Nuevo León, 2017.

Veamos ahora un acercamiento al presupuesto del subsector cultura gubernamental federal, periodo 2000-2018. Cifras redondeadas en miles de millones de pesos. Este reporte no aborda, por un lado, la desagregación por dependencia de la estructura del Conaculta, como de la Secretaría de Cultura (SC) Federal. Por otro lo lado, tampoco aborda lo relativo a la Secretaría de Cultura de la CDMX, asuntos por atender en otro momento.

Ciclo 2001-2006.

Año 2001 5 mil 269 millones de pesos.
Año 2002 5 mil 026 millones de pesos.
Año 2003 5 mil 822 millones de pesos.
Año 2004 5 mil 141 millones de pesos.
Año 2005 7 mil 078 millones de pesos.
Año 2006 7 mil 245 millones de pesos.

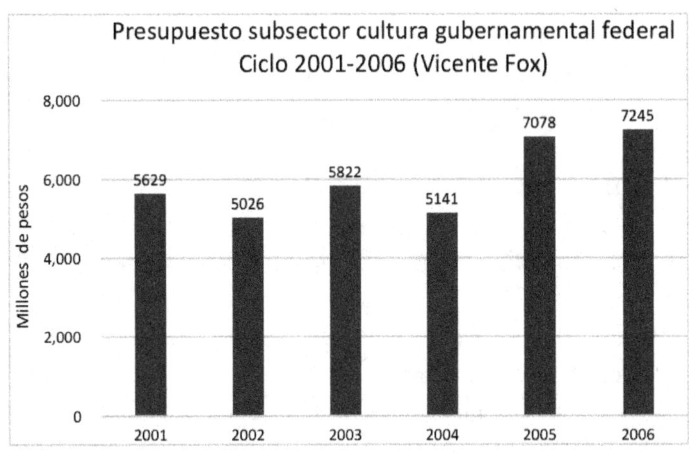

Suma del periodo de Vicente Fox 35 mil 581 millones de pesos. Cifras originales del Presupuesto de Egresos de la Federación (PEF) destinadas al Conaculta. No considera otras asignaciones directas e indirectas en el curso del año fiscal.

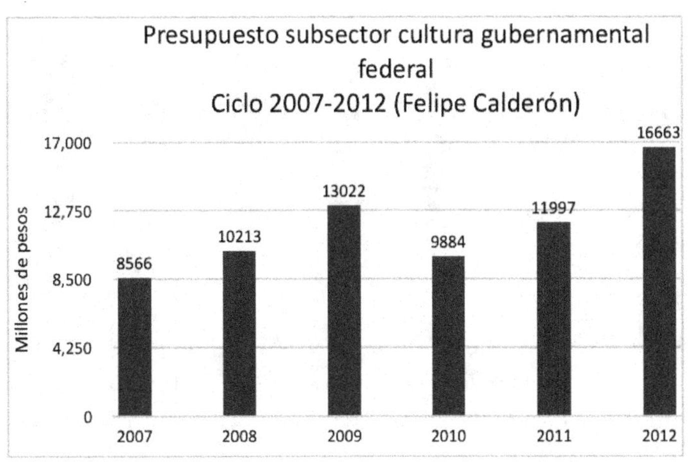

Suma del periodo de Felipe Calderón 70 mil 345 millones de pesos. Cifras originales del PEF al Conaculta que, si bien incluyen "recursos etiquetados" a partir de 2007, no considera otras asignaciones directas e indirectas en el curso del año fiscal.

Ciclo 2013-2018.

Año 2013 12 mil 723 millones de pesos.

Año 2014 12 mil 830 millones de pesos.

Año 2015 13 mil 261 millones de pesos. Nace en diciembre la Secretaría de Cultura.

Año 2016 13 mil 199 millones de pesos. Se opera con lo autorizado al Conaculta.

Año 2017 10 mil 928 millones de pesos. Primer presupuesto del Ramo 48.

Año 2018 11 mil 716 millones de pesos.

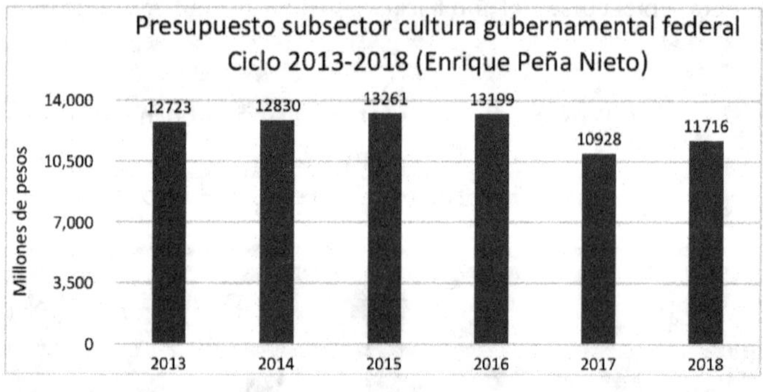

Suma del periodo de Enrique Peña Nieto 74 mil 657 millones de pesos. Cifras al cierre del ejercicio fiscal de 2013 a 2017, estimado para el año 2018, incluye "recursos etiquetados", el llamado "presupuesto piso" a las instituciones culturales de los estados y asignaciones a programas sujetos a reglas de operación.

Es importante señalar que en el VI Informe de Gobierno de Enrique Peña Nieto se menciona una suma sexenal de 78 mil 872 millones de pesos a septiembre de 2018, cuya diferencia puede estar en fondos no directamente relacionados con el ejercicio de la Secretaría de Cultura e imposibles de identificar. Para la estimación del ciclo 2000-2018, tomaremos la primera cifra.

De esta manera, la suma total del ciclo 2000-2018 es de 180 mil millones 583 mil pesos.

Son nuestras todas las dudas tanto como las comparaciones son odiosas. Por mi parte señalo simplemente que el presupuesto de la SEP en 2019 puede alcanzar los 280 mil millones de pesos. O que el mercado de la publicidad en México tiene un valor aproximado de 80 mil millones de pesos.

Lo que arroja este ejercicio es una evidencia, un rastro: nos lleva a que la estimación del INEGI sobre el aporte de la gestión pública al PIB no anda tan alejado de la realidad.

Detenerse en algunos desagregados. Programa Anual de Proyectos Culturales ("recursos etiquetados") Cámara de Diputados. Serie 2013-2018.

De la gestión Tovar-García Cepeda, es necesario reconocer que, a partir de 2014, por primera vez desde la asignación ordinaria de estos fondos, se establece una oficina organizada para tal propósito, con cuatro componentes centrales en su organización: 1) Registro, gestión y pago de proyectos aprobados; 2) Visitaduría de verificación; 3) Preparación para la rendición de cuentas por parte de los beneficiarios y 4) Información, difusión y estadística de los resultados.

La operación de esta oficina rondó un promedio de 4.5 millones de pesos anuales, la suma de 22.5 millones de pesos por cinco años de gobierno.

Veamos el desempeño por año, número de proyectos autorizados, número de proyectos realizados y el monto dirigido para su financiamiento.

Año 2013. 801 de 905 proyectos autorizados 3 mil 616 millones de pesos.

Año 2014. 431 de 470 proyectos autorizados mil 739 millones de pesos.

Año 2015. 489 de 556 proyectos autorizados mil 947 millones de pesos.

Año 2016. 506 de 550 proyectos autorizados mil 920 millones de pesos.

Año 2017. 460 de 568 proyectos autorizados mil 313 millones de pesos.

Año 2018. Fueron 586 proyectos autorizados a ejercer mil 200 millones de pesos.

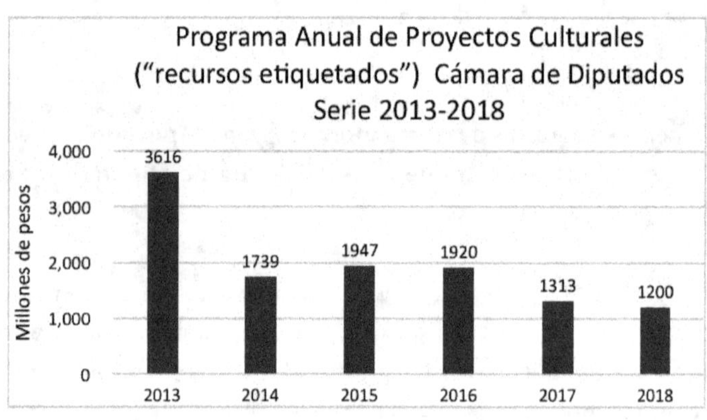

El total de "recursos etiquetados" en el periodo fue de 11 mil 735 millones de pesos. No se cuantifica el subejercicio (recursos que no fueron entregados y/o reclamados). Sin considerar el año 2018 en tanto que al elaborar este carrusel no había terminado el ciclo, suman entre 2013 y 2017 2687 proyectos realizados, divididos en tres categorías: 1) organizaciones no gubernamentales, 2) gobiernos estatales y 3) municipales. La mayor parte se concentran en el primer segmento (más de 1500 en el ciclo).

El programa de visitadurías inició en 2014 para supervisión y evaluación de los proyectos.

Año 2014 139 proyectos.
Año 2015 172 proyectos.
Año 2016 150 proyectos.
Año 2017 145 proyectos.
Año 2018 No se tuvo acceso a la cifra.

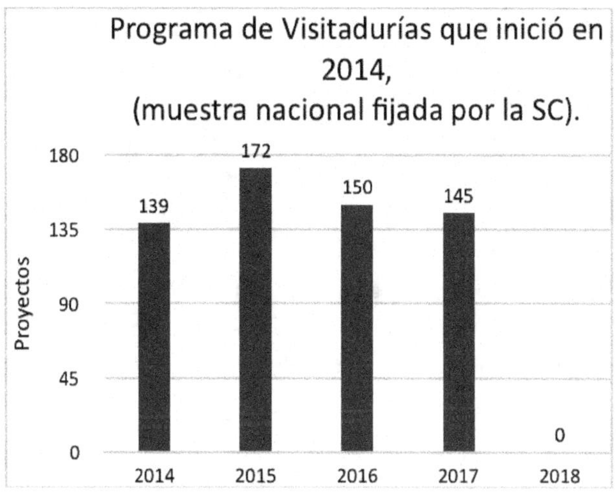

Con relación a la población atendida, según los responsables de los proyectos, se obtuvieron las siguientes cifras:

Año 2013 181 millones 902 mil personas.
Año 2014 89 millones 338 mil personas.
Año 2015 104 millones, 501 mil personas.
Año 2016 52 millones 482 mil personas.
Año 2017 39 millones 433 mil personas.
Año 2018 No se tuvo acceso a la cifra.

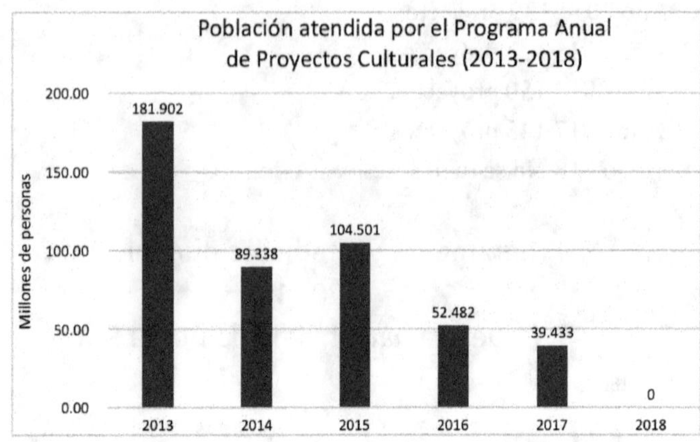

La suma de población atendida en el ciclo 2013-2017 fue de 467 millones 656 mil de personas, mediante 2687 proyectos en 5 años. Esta cifra de población atendida se obtiene de la información proporcionada por los responsables de cada proyecto, a través de los formatos establecidos al respecto. Esto nos hace suponer un margen amplio de discrecionalidad.

La otra arista. Programa de Apoyos a la Cultura. Apoyo a Instituciones Estatales de Cultura (AIEC), conocido como "presupuesto piso", ejercido al año fiscal.

Año 2013 Mil 075 millones de pesos.
Año 2014 Mil 025 millones de pesos.
Año 2015 Mil 060 millones de pesos.
Año 2016 Mil 093 millones de pesos.
Año 2017 277 millones 760 mil pesos. En virtud de que este año se suspenden los apoyos del AIEC, el monto es asignado del presupuesto de la Secretaría de Cultura.
Año 2018 320 millones de pesos. Asignación del presupuesto de la Secretaría de Cultura.

El "presupuesto piso" del sexenio de Enrique Peña Nieto sumó 4 mil 850 millones de pesos, un promedio anual de 808.3 millones de pesos. Como se señala, ya aparece incluido en el ejercicio real anual del Conaculta/ Secretaría de Cultura.

Datos aproximados sobre el número de trabajadores en todos los niveles de la Secretaría de Cultura.

- La Administración Pública Federal cuenta con alrededor de 1 millón 700 mil trabajadores de base y de confianza. Esta cifra no considera cuerpo docente de la SEP.
- Total de personal permanente de la Secretaría de Cultura 14 mil 303 trabajadores.
- Con eventuales (capítulo 3000) alcanza casi 16 mil trabajadores.
- El INAH y el INBAL alcanzan cerca de 9 mil trabajadores.
- Son alrededor de 7 mil 700 trabajadores de base.
- Son alrededor de 4 mil 400 trabajadores de confianza.
- Son alrededor de 2 mil docentes por asignatura.
- Hay alrededor de 600 plazas del servicio profesional de carrera en todos los niveles, sujetas a evaluación y de quedar vacantes, a concurso público.

- La Secretaría de Cultura es una de las dependencias con mayor número de trabajadores.

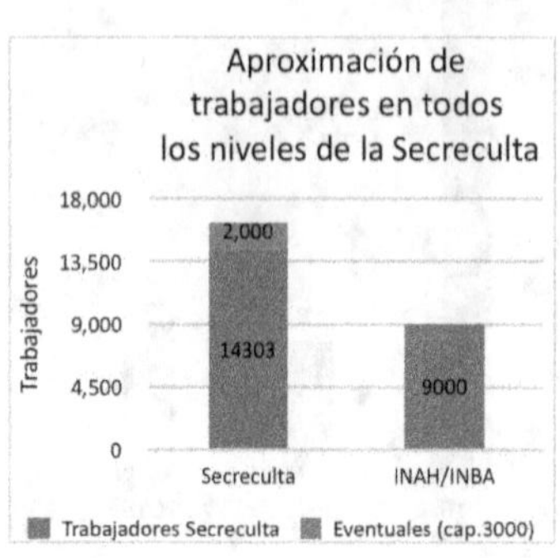

Algo de lo que se puede concluir de este carrusel.

1) Este esfuerzo es parcial y por la variedad de fuentes e interpretaciones, no desconoce su margen de error. Me queda la certeza de que resulta imposible tener la absoluta seguridad del gasto público en cultura, como el comportamiento integral del sector cultural. Una enorme tarea pendiente es el poder acceder a datos confiables. Una labor que deberá estar en primerísimo lugar en la llamada Cuarta Transformación (4T) y en el Congreso de la Unión.

2) Si bien para el lapso 1994-2007 se puede recurrir a datos sectoriales del Sistema de Clasificación Industrial de América del Norte, el hecho más relevante del periodo 2000-2018 y particularmente de 2008 a 2016, es que la Cuenta Satélite de la Cultura permite por primera vez en la historia cultural de México, tener una tabla básica de indicadores económicos del sector cultural.

Es decir que podemos saber el tamaño y aportación de la cultura al desarrollo del país. En lo central, se evidencia que la actividad empresarial (en todas sus escalas), que el mercado de bienes, servicios, productos y mercancías culturales es determinante y por mucho, en la vida cultural de la nación. Esta actividad de mercado es portadora de valor simbólico y ejerce una influencia que estamos aún lejos de conocer científicamente (medición cualitativa).

La contabilidad obtenida por el INEGI subraya que la actividad cultural no remunerada, es decir, el trabajo cultural en los hogares, el trabajo voluntario, sin salario y que involucra de alguna forma la filantropía (mecenazgo), es de mayor calado que el gasto público, lo que INEGI llama gestión pública. Es relevante que el aporte del recurso financiero gubernamental desde 2008 observe un decremento y a su vez un estancamiento como alimentador de la actividad económica del sector.

3) No incluimos en este trabajo los indicadores básicos de gestión/ evaluación de las actividades del sector gubernamental (antes subsector de la SEP, ya fuera con base a los programas sectoriales de entonces y de los programas especiales desde 1988 y hasta 2018) ya que no se cruzan, por ejemplo, con los recursos ejercidos, o en función al alcance demográfico como de zona geográfica, o por grado de desarrollo por entidad y municipio, como mucho menos tuvimos acceso a comparativos con años y sexenios anteriores.

4) Por lo tanto, resulta imposible saber, por ejemplo, la inversión por ciudadano, por estrato social o por edad, por estado y región, por tema, disciplina o actividad económica, como mucho menos su impacto cualitativo (incidencia en la formación ciudadana, grado de conocimientos, competitividad, etc.) a efecto de vislumbrar el nivel de avance del conjunto de la sociedad. Tampoco es factible establecer algunas coordenadas para medir el impacto de programas, políticas y derramas, a nivel intersectorial (intersecretarial) en el conjunto del sector cultural.

5) En la radiografía de la actividad económica gubernamental y del sector en su conjunto, una categoría central de análisis abarca los subsidios, los estímulos fiscales, los recortes al gasto y los subejercicios

de este, sólo identificables en informes de la Secretaría de Hacienda o a través de solicitudes de información. Otra azarosa tarea pendiente.

6) No hay respuesta para una pregunta básica: ¿cuántos recursos se ejercen en los sectores culturales de cada entidad federativa y en cada municipio? Deberíamos saberlo con precisión y facilidad de consulta.

En esta panorámica nacional del sector gubernamental, el gran misterio de la película de terror es lo que se vive en estados y municipios. En cada punto de la geografía nacional este tipo de búsquedas de información y de análisis se tornan más allá de lo imposible, aun cuando en el ritual se cumplan ciertas tareas de rendición de cuentas a través de los mecanismos establecidos en los marcos legales (informes de gobierno, fundamentalmente). Estudios en este sentido como los ya citados de Oaxaca (2011-2016), de Nuevo León (a través de Conarte y Consejo de Nuevo León) y Ciudad de México (Unesco-Secretaría de Cultura), deberían elaborarse en cada estado y municipio de la República.

7) Otras limitaciones para el conocimiento cabal del sector tienen que ver con que, si bien la Cuenta Satélite de la Cultura mide una aportación de las instituciones sin fines de lucro, para este campo existe la Cuenta Satélite de Instituciones sin Fines de Lucro, con un apartado cultural. En esa perspectiva, también es vital medir con precisión la intervención de las instituciones de educación superior (públicas y privadas) en el comportamiento del sector, así como resulta relevante saber a detalle la derrama a través de la cooperación cultural internacional.

8) Parte de las soluciones al enorme desafío apenas descrito en este reporte tienen su médula en la Ley de Planeación, en sus vasos comunicantes con las estructuras de gobierno, con los componentes sectoriales y con la necesaria reestructuración de la Cuenta Satélite de la Cultura, además de otros instrumentos del INEGI que son indispensables para nuclear y hacer accesible este vasto universo que es el sector cultural.

9) Decir que de la administración de Vicente Fox a la de Enrique Peña Nieto el gasto público en la gestión cultural gubernamental se incrementó, no debe desconocer que este crecimiento queda sujeto a los análisis propios de la medición económica en el conjunto del país, a factores como el costo de vida, del encarecimiento de los insumos que requiere su operación, a las devaluaciones, a la crisis de 2008-2009, a la espiral inflacionaria, entre otros factores que se ameritan para un análisis puntual. Uno de ellos es el costo de sueldos, salarios, prestaciones y demás capítulos que permiten a diario "abrir puertas" (gasto operativo) al enorme aparato con que cuenta México en sus tres niveles de gobierno.

10) Sin duda, la presencia de los llamados "recursos etiquetados", sobre todo en el último tramo del gobierno de Felipe Calderón y en el primer año de Peña Nieto, dieron un inusual impulso a la actividad sectorial, por destinarse muchos de estos fondos a organizaciones de la sociedad civil, fundaciones y demás figuras aptas de concursar por los recursos (no pocas de ellas con un corte de pequeñas empresas culturales), amén del periodo de "presupuesto piso" a los estados. El retiro en gran cantidad de estas asignaciones, como las quitas a otros programas con reglas de operación (PACMyC, y Foremoba, por ejemplo), fueron un duro golpe no solo a las instancias culturales de estados, municipios y ONG's, también a la actividad sectorial en su conjunto.

11) Otro frente por comprender refiere a la inversión en infraestructura y equipamiento (ya sea rehabilitación o nuevas construcciones) lo cual representa una tarea de identificación y desagregación financiera por hacer, pues va a más allá de las asignaciones directas del Congreso o de programas como el PAICE.

Ante lo expuesto, resulta un atrevimiento afirmar que en el gobierno de Fox se invirtió más que en el de Calderón o fue mayor en el de Peña Nieto. Sin duda, a la vista pueden hacerse conjeturas. Sin embargo, la inclusión de nuevas modalidades como las Asociaciones Público-Privadas (APP, caso emblemático el Museo Internacional Barroco) o de Permisos de Administración Temporal (PAT, caso el aprovechamiento del Palacio de los Deportes y del Autódromo Hermanos Rodríguez con su Foro Sol), además de la existencia de numerosos fideicomisos (como el del Auditorio Nacional y el del INAH), demandan una exhaustiva investigación para encontrar una aproximación a la verdad.

Otra de las implicaciones para medir el sector cultural se encuentra en el campo netamente empresarial, en sus distintas vertientes, que se benefician de exenciones y/o subsidios cruzados. El enorme conglomerado de intereses y recursos que surcan el sector, que movilizan los bienes, servicios, productos y mercancías desafían por igual las nociones y fronteras conceptuales de cultura, esparcimiento, entretenimiento y recreación, tanto en el territorio nacional, como en las interacciones con el entorno internacional. Es en este escenario que las importaciones y exportaciones del sector, junto con los tratados comerciales, cobran singular relevancia.

12) Desde la apertura comercial, desde el empoderamiento del neoliberalismo y específicamente a lo largo de los tres sexenios analizados y pese a las evidencias de la Cuenta Satélite de la Cultura, el sector cultural ha carecido de una política económica. Es decir, no se ha desarrollado un conjunto de tesis, principios, marcos legales, programas y acciones para impulsar la economía cultural. Sin embargo exhibe una importante vitalidad en el conjunto del aparato productivo.

Lo que viene. Atisbos del Presupuesto de Egresos 2019, según la 4T.

En un documento de trabajo presentado a los diputados del partido Morena en el mes de septiembre de 2018, el Ramo 48 se proyecta con la suma de 11 mil 716 millones de pesos. A la letra se indica un incremento de mil 200 millones de pesos, con respecto al de 2018. Las cifras son extrañamente coincidentes: el PEF 2018 fijó el gasto del Ramo en 12 mil 916 millones de pesos, de los cuales realmente se ejercerán 11 mil 716… Es decir que con los mil 200 millones de pesos de "incremento", se vuelve a ajustar con lo previsto inicialmente en el PEF 2018… En realidad, ese "aumento" puede corresponder de nuevo a los "recursos etiquetados", cifrados en esa cantidad. Es decir, todo quedaría igual…

Para darse una idea del gasto cultural de gobierno con relación a otras carteras, en el mismo documento que expuso Gerardo Esquivel, futuro subsecretario de Hacienda, se anota que:

La Secretaría de Relaciones Exteriores rondaría por 8 mil 603 millones de pesos.

La Secretaría de Economía por 9 mil 528 millones de pesos.

La Secretaría de Turismo por 3 mil 716 millones de pesos.

Las sorpresas vendrán, veremos hasta dónde llega el cambio de régimen en su afán de borrar el periodo neoliberal.

Aún hay más, amigos. 31 momentos relevantes entre el proceso de precampañas (2017) y la toma de posesión de AMLO el 1 de diciembre de 2018. Instantáneas para el otoño-invierno.

1) A principios de noviembre de 2017, AMLO anuncia su propuesta de ubicar las secretarías de Estado en distintos puntos de la República. Señala que Cultura iría a Tlaxcala. No se ofrecen mayores razones sobre la desconcentración de las dependencias.

2) En la ceremonia de proclama del Proyecto de Nación de AMLO, el 20 de noviembre de 2017 en el Auditorio Nacional, uno de los oradores fue la escritora Laura Esquivel, quien describió las intenciones de la política cultural. Se esperaba de ella un papel relevante en las campañas, además de su rol como legisladora. Nada de eso ocurrió.

3) Cinco años después de la aparición del libro *1988-2012. Cultura y transición*, el 3 de diciembre en la FIL Guadalajara, se lanza y entra en circulación el libro *¡Es la reforma cultural, Presidente!*

4) El 14 de diciembre AMLO anuncia su gabinete. Aparece Alejandra Frausto, quien fuera directora general de Culturas Populares en el Conaculta de Tovar al inicio de la administración peñista.

5) El proceso electoral se empalma con las renegociaciones del TLCAN. El sector cultural no es considerado.

6) En febrero y marzo de 2018, en la Casa Rafael Galván de la UAM, tiene lugar el ciclo "Ventiladero cultural de la sucesión presidencial", en el marco de la promoción del libro *¡Es la reforma cultural, Presidente!*

7) Al iniciar las campañas en marzo, se incrementan las apariciones públicas de Alejandra Frausto, si bien ya circulaba noticia de un equipo de trabajo y diversidad de reuniones privadas de las cuales no se tiene registro.

8) Se da a conocer que la residencia oficial de Los Pinos será un centro cultural. Hacia el 30 de marzo, Tatiana Clouthier anuncia "Los Pinos para todos", y se abre un sitio para que la ciudadanía haga propuestas para la reutilización de la residencia oficial y sus diferentes áreas.

9) En abril, Alejandra Frausto se reúne con los autores de *¡Es la reforma cultural, Presidente!* en la Casa Rafael Galván de la UAM.

10) El 14 de mayo se lleva a cabo el Diálogo por la reforma cultural con los responsables de cuatro aspirantes a la presidencia, Alejandra Frausto, Raúl Padilla, Beatriz Paredes y Consuelo Sáizar.

11) El 19 de junio, en el Claustro de Sor Juana, se presenta el documento *El poder de la cultura*, que sintetiza las principales líneas de acción del futuro gobierno.

12) El 15 de julio la futura secretaria da a conocer en la casa de transición algunas designaciones: Laura Esquivel como subsecretaria de Diversidad Cultural, María Novaro al IMCINE, Mardonio Carballo

a Culturas Populares y se ratifica a Diego Prieto en el INAH. Al momento de elaborar este reporte se perfilan Lucina Jiménez al INBAL, Pavel Granados a la Fonoteca Nacional, y Grace Quintanilla al Centro Nacional de las Artes.

13) El 22 de julio, Claudia Sheinbaum anuncia un grupo de colaboradores, entre los que se encuentra José Alfonso Suárez del Real, en la Secretaría de Cultura.

14) El 7 de agosto se da a conocer que la escritora Margo Glantz asumirá el Fondo de Cultura Económica. El 3 de octubre se hace pública su declinación al cargo.

15) El 13 de septiembre, el futuro subsecretario de Hacienda, Gerardo Esquivel, se reúne con la bancada de Morena en San Lázaro, para hacer de su conocimiento un primer diseño del presupuesto de egresos de 2019.

16) El 25 de septiembre, en su gira de agradecimiento, en la ciudad de Tlaxcala, AMLO indica que la primera dependencia en mudarse será la Secretaría de Cultura.

17) El 1 de octubre se alcanza el acuerdo T-MEC. Se incluye de manera sorpresiva un anexo de "excepción cultural" para México, a la par de Canadá (los canadienses acordaron en 1994, la *exención* cultural).

18) AMLO designa al escritor Paco Ignacio Taibo II en el Fondo de Cultura Económica.

19) Para el 17 de octubre quedan instaladas las comisiones de cultura en el Senado, la Cámara de Diputados y el Congreso de la Ciudad de México. En un acontecimiento histórico, las tres presidencias de las comisiones quedan en manos de Morena, a saber, de los legisladores Susana Harp, Sergio Mayer y Gabriela Osorio.

20) Con motivo de la transición de poderes, bajo el cobijo de *El poder de la cultura*, se promueven durante octubre y noviembre una serie de mesas de análisis y discusión en el Centro de Cultura Digital (coordinado por Grace Quintanilla, recinto dependiente de la Secretaría de Cultura), así como en algunas ciudades de la República. Han participado los hasta ahora designados y mencionados para cargos en el equipo de Alejandra Frausto.

21) El 9 de octubre un nutrido grupo de trabajadores de diversos sindicatos que forman parte de la Secretaría de Cultura, realizan un plantón en la casa de transición de AMLO, para pedir mayor claridad con respecto a la mudanza a Tlaxcala. El 13 de octubre (registro del periódico *Milenio*) durante una gira, el presidente electo dijo que ese plantón era enviado por sus opositores, "movimiento sin ton ni son, son los de confianza, haciendo su labor en contra y con su prensa". Ante este hecho Frausto atajó con un comunicado personal en el que se deslindó, por no ser todavía titular en funciones, garantizando el respeto a los derechos laborales, y refiriendo que el cambio será sólo de un grupo de colaboradores.

22) El 16 de octubre, el ratificado director general del INAH, Diego Prieto, afirma a *El Universal*, que el instituto no está para parar obras, en referencia al proyecto del Tren Maya.

23) El 17 de octubre se presentan una serie de iniciativas de reforma a la Ley Orgánica de la Administración Pública Federal (LOAPF), que incluye a la Secretaría de Cultura, apartado en el que se precisan algunas funciones de coordinación con la SEP y con relación a la cultura deportiva. En ese mismo paquete la diputada Sandra Olvera, de Morena, propone reformar los artículos 189 y 190 de la Ley del ISR, a efecto de redistribuir los 800 millones de pesos de estímulos fiscales, de lo cual se retractaría.

24) El 25 de octubre, el diputado local Virgilio Caballero, de Morena, propone dar autonomía a Radio Educación, a través de una ley.

25) El 1 de noviembre, el flautista internacional Horacio Franco, rechaza la invitación de Alejandra Frausto a dirigir el Fondo Nacional para la Cultura y las Artes, reconociendo que las labores administrativas no son su fortaleza.

26) El 5 de noviembre, en visita a Tlaxcala, la titular reafirma que iniciará su gestión en la ciudad.

27) El 5 de noviembre un grupo de diplomáticos de carrera, de ex agregados culturales del artículo 7 de la Ley del SEM y de académicos solicitan a Frausto organizar una mesa sobre cooperación cultural internacional, tema ausente en el ciclo *El poder de la cultura*. El martes 13 se anuncia una sesión para el viernes 16, sin avisar a los firmantes de la carta, evento que se cancela el martes 14, momento en el que se les avisa a quienes hicieron la solicitud que se promoverá en diciembre en coordinación con la SRE.

28) El 9 de noviembre, Laura Esquivel declina a su cargo como subsecretaria de Diversidad Cultural.

29) El 12 de noviembre, el diario *Reforma* da a conocer que la ley impide a Paco Ignacio Taibo II ser director del FCE por no ser mexicano de nacimiento.

30) En el diario *El País*, el 12 de noviembre, se publica una nota que da cuenta que el proyecto de Los Pinos, como centro cultural, será pospuesto un tiempo. Ello en virtud de que las propuestas presentadas a AMLO no fueron de su agrado. Se informa y no se desmiente, que por un tiempo la residencia presidencial estará abierta al público y será custodiada por el ejército.

31) El 14 de noviembre aparece en *Reforma*, una nota en la que se da cuenta de que Paco Ignacio Taibo II, afirmó en un foro que Educal, la dirección general de Publicaciones y el Programa de Fomento a la Lectura, de la Secretaría de Cultura, pasarán al FCE. No hay desmentido

al respecto. Ese mismo día, José Carreño presenta su último informe al frente de la editorial, donde se anuncia que los consejeros Juliana González, Fernando Escalante y José Woldenberg renuncian a esas tareas.

La 4T de verano a otoño con vistas al invierno. Apuntes acerca de *El poder de la cultura* o el temor a nombrar la realidad del sector: *Abre más los ojos, ¿hacia dónde?*

1) *El poder de la cultura* es, por escrito e impreso, como documento presentado con rigor, un sustento fundamental para intentar entender lo que la 4T perfila hasta el momento de elaborar este reporte. Hay además numerosas reflexiones y señalamientos de Alejandra Frausto a lo largo de casi 11 meses del año, no del todo ajenos a la realidad de su inminente responsabilidad en el gabinete de AMLO. En muchos sentidos esas apreciaciones vertidas se incorporan en el contenido del folleto.

El conjunto de pareceres conforma un catálogo que habrá de ser más abundante y que se supone repercutirá en el diseño del programa de trabajo para 2019, en los primeros días de gobierno cultural, en tanto se elaboran el Plan Nacional de Desarrollo y el Programa Sectorial de Cultura en el primer semestre de 2019.

2) En estricto apego al contenido del folleto, estamos ante una narrativa convencional, de señalamientos de intencionalidad, sin duda emblemáticos, lineales en el proceso histórico de las tres décadas contadas a partir de la creación del Conaculta en 1988. Leemos una asamblea de significados para un país providencial, en el que las novedades son, en efecto, las grandes ausencias ya señaladas de la política cultural del siglo XXI: la dimensión económica de la cultura, la agenda digital, la democratización de la cultura, el ataque frontal al empoderamiento de la burocratización de la gobernanza, la cultura como recurso de sanación de cara a los conflictos delictivos, delincuenciales, sociales, de corrupción, de violencia sin freno en el país.

Cultura para la paz, restauración del tejido social, sustentabilidad para el desarrollo, cultura para la armonía. Un ramillete de aseveraciones para, en palabras de los autores, *imaginar en conjunto el horizonte del futuro.*

3) Estamos ante *el poder* de la visión conservadora, de corte nacionalista revolucionaria, de cantera priista/prianista/priperredista reverencial al vasconcelismo (se propone recuperar las caravanas, mito fundacional de la SEP y de su primer titular). Estamos ante el poder de la rentable y eterna deuda indigenista, popular, comunitaria, municipal, de "acceso a grupos históricamente excluidos" (¿hace cuánto se inventó el PACMyC?), de fuerte arraigo en el abolengo de instituciones de gobierno que acusan desde hace tiempo la urgencia de su renovación, de su modernización.

Tránsito de un aparato de gestión del siglo XX que el priismo hizo raíz y escudo, que la alternancia lubricó con algunos aderezos, que la izquierda perredista purificó a sus entendederas y que se perfila, en las promesas de la 4T, como su germen irrenunciable, el *destino manifiesto del Estado Cultural.* Para qué reformar de manera estructural (como en telecomunicaciones, competencia económica o campo energético) si casi 100 años después de la epopeya vasconceliana (1920), de la sucesión de organismos al servicio de la comunidad (larga cronología de dependencias) solo se requiere de una autenticada revitalización de gobierno y no de régimen.

4) Para renombrar la herencia del siglo XX, se abre paso a una "política de escucha", del revitalizado asambleísmo bajo la guía del líder. La consulta ha de ser, según *El poder de la cultura,* una herramienta novedosa. Una política que ignora apéndices de mediación controlada como el consejo asesor de que dispone la Secretaría de Cultura.

5) Patrimonio nacional en todas sus aristas, con acento en el patrimonio inmaterial, una tarea de reconstrucción que no termina, acercamiento a las artes "desde la primera infancia", vinculación comunitaria,

circuitos culturales (¿qué dirían al respecto personajes como Víctor Sandoval y Manuel de la Cera?), atención a las minorías, recuperación del espacio público en zonas de conflicto, aliento a la economía cultural (no se olvide el primer programa en tiempos de Flores Olea o del diseñado por Sergio Vela).

Derechos de autor, propiedad intelectual (a contrapelo del T-MEC), defensa ante la piratería, jóvenes en la cultura (a ver memoriosos ¿y el CREA?) simplificación administrativa, revisión de costos de operación, reorientación de gastos (la culpa viene desde José López Portillo), manejo de la moneda de oro llamada transversalidad, urgencia de un observatorio de género y derechos humanos (el de la secretaría, qué importa que existan otros órganos con funciones similares), el postergado aliento a la cooperación cultural internacional. Un listado para hacer *poder*.

6) En pocas páginas es posible que se aleccione con una apología temática sin pronunciar una sola vez de dónde proviene lo que aqueja cambiar. Tal omisión en dicho documento no fue por la falta de caracteres, de papel, de medio digital. Para los redactores de *El poder* es un claro temor a nombrar la realidad del sector que se asumirá; es la imposibilidad de dar nombres, casos específicos, males crónicos, una narrativa que clarifique el conocimiento del aparato donde la futura titular trabajó a las órdenes de su no pocas veces nombrada querencia, Rafael Tovar.

Es mejor ser tangencial porque ser central es impopular, parecen decirnos. A diferencia de AMLO, de otros integrantes del gabinete e incluso de algunos legisladores de la bancada, que promueven rupturas con el régimen por concluir mediante anuncios, sacudidas, decisiones sin ser gobierno y variedad de antesalas para el aterrizaje del sábado 1 de diciembre, la cartera cultural prefiere moverse a través de las promesas temáticas sin diagnóstico.

7) Un riesgo para la 4T viene del tovarismo que yace en alguna medida en la médula de Frausto. Del manto protector que no pocos tovaristas

le infunden. Tiene derecho al credo: con ese nutriente ha forjado parte de su quehacer como servidora pública. Con esa corriente a cuestas, la inminente secretaria no afronta con síntesis argumental la precaria y al borde del colapso cartera que recibe. No se advierte un atisbo de evaluación y ajuste con el presente-pasado.

La chilanga no puede nombrar una secretaría mal edificada (el Conaculta *plus*), un reglamento interno de vergüenza, una estructura orgánica incongruente, una ley cultural deficiente y sin reglamento por incompetencia, un vale para vulnerables ridículamente convertido en tarjeta de descuentos que viola la misma ley, una baja notable del presupuesto, un daño patrimonial derivado de los sismos que demanda celeridad, una tarea en igualdad de condiciones con otras secretarías o un penoso papel amloísta en las renegociaciones del TLCAN que valida un T-MEC sin reservas ampliadas para nuestro sector.

Se juzga inoportuno abordar el dilema de un sindicalismo fragmentado deliberadamente, una necesaria reconsideración al rol que instancias como el INADEM y ProMéxico podrían tener en el sector cultural, una "política de escucha" para juzgar los megaproyectos lópezobradoristas como el Tren Maya, la refinería de Dos Bocas, el reacomodo de los aeropuertos y el uso de lo que sería el NAICM, el efecto en el sector cultural debido a las bajas impositivas en la frontera norte, entre los numerosos intereses que surcan a una política cultural de Estado.

8) A la 4T cultural le resultan impronunciables los términos reales de una mudanza de sede, los alcances de las bajas de salarios y la anulación de prestaciones que se impulsan, la reducción de plazas de confianza que se promete, el ajuste orgánico que se impone, la ineficiencia y componendas del servicio profesional de carrera, la subordinación a la Secretaría de Hacienda, las iniciativas de diputados en San Lázaro o en Donceles que no se le consultan y le comprometen a cambio de protección legislativa, la pertinencia del Ramo 48 en la Ley de Ingresos y el Presupuesto de Egresos de 2019, la escasa oferta que tendrá de promesas para los estados y municipios.

También referirse a la designación de un funcionario que debe concursar por la plaza de director general que ella misma ocupó, a la ratificación de otro titular que desgastó por ello su gestión, el jugueteo de nombres para futuros colaboradores, las urgencias laborales (el célebre grupo del capítulo 3000), el cómo de una residencia oficial que será centro cultural ("el más grande de Latinoamérica"), el cómo estima será el Plan Nacional de Desarrollo y el primer Programa Sectorial de Cultura, el cómo atenderá el conflicto alrededor de la obra y patrimonio de Octavio Paz, el cómo resolver el destino de los murales dañados en la otrora sede de la SCT…

9) Son tantos los asuntos que no se habrán podido pronunciar antes del 1 de diciembre. Más vale que sea hasta el primer minuto legal.

Con ello, se habrá desaprovechado una oportunidad al ritmo frenético impuesto por del presidente electo, se habrá perdido un tiempo valioso para el deslinde y para la novedad, para diagnosticar en carne y hueso a efecto de integrar un nuevo cuerpo, para probar lealtades y generar concordia con los contradictores, con el voto opositor, con las minorías que no querían a AMLO, para consensar los asuntos críticos, para retrasar una mudanza innecesaria, para...

Dirá el equipo cultural de la 4T, con cierta razón, que ante todo probó que el bono democrático lo es todo; que las mayorías ven diciembre de 2018 con la certeza de que los grandes anuncios llegarán.

De vuelta a la memoria antes que a la hierba histórica. Apuntes sueltos en torno a un sexenio que se va y un sexenio que viene.

Sobre un sexenio que se fue el 1 de julio de 2018.

La historia inició, como advertimos, en la FIL Guadalajara. Diciembre de 2011. Una feroz burla por no decir los nombres de tres libros. Si Enrique Peña Nieto tenía fobias en contra de la comunidad cultural, ahí se le consolidaron. O las sembró con amargura. Su campaña presidencial estaría marcada por su lejanía con los desafíos del sector cultural. Contó sus compromisos. Entre ellos, relanzar la diplomacia cultural. Reconocer la cultura como sistema productivo. Nada. De un confín surge el cantar de sus méritos y de su herencia: la Secretaría de Cultura. La ley con derechos. El vale para vulnerables convertidos, a plenitud de violación de la ley, en tarjetas de descuento por obra y gracia de una secretaria de despacho a quien sencillamente se le heredó la posición.

Poquito después del día de muertos, en una sala de juntas, Rafael Tovar saluda al presidente electo. Una cita con un puñado de personalidades. María Cristina García Cepeda se sienta como coordinadora en el equipo de transición. Posteriormente, en una deslavada convivencia con la comunidad, la cargada es a favor de "Maraki". Después de renunciar a la dirección de las celebraciones del bicentenario, Tovar despachaba sus asuntos en una casona familiar de la colonia Escandón.

Quería ser secretario, pero de Turismo o de la SEP. O de Relaciones Exteriores. Algún otro cargo. Un escalón más arriba de lo ya alcanzado. Emilio Chuayffet, al frente de Educación Pública, pensaba en Teresa Franco para el Conaculta. A regañadientes, el mexiquense dio posesión a Tovar. Brillaron los sables. Sorpresas te da la vida. El equipo (re)tomó posiciones. La cofradía nuevamente reunida.

En el Conaculta se va por la misma dosis de programas operados en otras administraciones. Es la (re)restauración. Desempolvan el programa de animación cultural. Se agrega el Programa Cultura para la Armonía que "atenderá a las comunidades de los polígonos definidos en el Programa Nacional para la Prevención de la Violencia y la Delincuencia, y en la Cruzada Nacional México Sin Hambre". Zas. Se pone en entredicho la labor de Consuelo Sáizar. Una feroz embestida que alcanza titulares en periódicos. Los desencuentros con Chuayffet son tan públicos que se hacen costumbre. Eso sí, el tres veces presidente del Consejo tunde ante la opinión pública a los "culturólogos", a quienes ejercen la crítica a su tercera gestión.

Enero de 2014. Museo de Antropología. Gran fiesta para conmemorar los 25 años de creación del Consejo. Tovar expresa que "con el objeto de contar con una participación amplia en la toma de decisiones, a partir de este año conformaremos consejos consultivos para cada especialidad de la cultura, integrados por responsables de las instituciones culturales, miembros de la comunidad y expertos". (Que avise quien los vio). El escritor Hugo Gutiérrez Vega, señala ante Peña Nieto que "el odio conservador a la cultura y al Estado laico rompió con esta tradición posrevolucionaria, y se disfrazó con un gigantismo absurdo y contradictorio y contraproducente".

En ese año, se pone en marcha la Cuenta Satélite de la Cultura y se promulga el Programa Especial de Cultura y Arte. Hay síntomas que hacen ver por la mala salud de Tovar.

Con Aurelio Nuño, jefe de la Oficina de la Presidencia, se teje fino a contrapelo de Chuayffet, quien es removido en agosto de 2015. En el informe de septiembre, el mandatario anuncia la Secretaría de Cultura. Se crea en diciembre sin mayor alegato: legisladores de oposición en fraternidad con el PRI. "Es que no puedo con tanta chamba", exclama el joven Aurelio. Tras la toma de protesta en Palacio Nacional, Tovar desaparece por semanas de la escena pública. Cuando retoma actividades, es notorio el deterioro de su salud. Meses de ocultamiento, de desinformación, de chismes. Su falta deja al garete la discusión de la ley de cultura. Hay parálisis por la centralización con que ejerce el poder.

El 10 de diciembre de 2016, fallece. Peña lo designa digno de la estirpe de Vasconcelos y Torres Bodet. García Cepeda habrá de presidir la cofradía bajo la imperturbable sombra del caudillo, sin imprimir un sello propio, disciplinada al rigor presupuestal, operando como cuando despachó como directora de cultura en el Instituto Nacional de Recursos para la Atención de la Juventud (CREA) en 1986.

Incapaz del deslinde de su predecesor, llena de temores para la innovación, escurridiza, letal con los "culturólogos": premiada con la serenidad de quien habrá de sucederla sin cuestionamientos.

Al concluir su administración, Peña Nieto se alza como el presidente de la Secretaría de Cultura. De la ley por años pospuesta. Del vale para pobres convertido en tarjetas de descuento. De la baja presupuestal y de la desaparición de los "recursos etiquetados", del "presupuesto piso". Del no por la cultura en el TLCAN y de pronto, cual milagro, asignando una "excepción cultural" elaborada al contentillo de Trump y de AMLO. Peña Nieto el de la displicencia ante la problemática del legado de Octavio Paz, el que tantas veces retrasó la entrega de los premios nacionales.

El legado de EPN es el de Tovar, el cual lo fincó Carlos Salinas con el Conaculta y se lo armonizó el PAN. Sin proyecto cultural alternativo de la oposición triunfante, de una coalición que en realidad es nada más un partido llamado Morena, el PRI histórico, nacionalista, el priato que no es liberal, sigue de gane. Y Tovar se apresta a cosechar, desde la beatificación a cargo de su sucesora, de un sexenio más de ascendente.

Sobre un documento para gobernar la nación (no perder de vista que se presentó el 20 de noviembre de 2017).

415 páginas de un plan o proyecto de nación pueden ser muchas para hacer gobierno seis años. También un catálogo de buenas intenciones, ideas geniales e incluso compendio de disparates. Todo ello normal en almanaques de esta especie cuyas posibilidades de vida se reserva a la alquimia electoral, al arrebato sexenal en caso de que gane el jefe de Redacción, o a la cruda realidad ya que, del dicho al hecho, hay mucho trecho.

Por ahora, en este ejercicio libre de elección y arreglo narrativo, les digo que el documento incluye un programa de desarrollo sustentable y buen vivir. En tal perspectiva estiman que la construcción de un corredor mesoamericano (logístico, energético, turístico y cultural) va a ser un buen punto de partida. Viene entonces la operación de un tren turístico transpeninsular, con máquinas de mediana velocidad, que desarrollen unos 130kph.

Por otra parte, para que se identifique todo lugar donde se aplique recurso del erario nacional, se indica que quieren un sistema universal de declaración patrimonial y declaraciones juradas, así como el levantamiento del velo y transparencia para actores privados. Se trata de favorecer la economía social, solidaria y cooperativa en la contratación gubernamental, de tener un gobierno esbelto, de reducir su tamaño sin sacrificar la calidad de los servicios, es decir, de liquidar empleados, pero con tino.

Por ejemplo, en política exterior, se habla de ir hacia un mundo incluyente y justo. De promover una visión más amplia de la cultura. Para el caso de América Latina y el Caribe, dicen AMLO y sus colaboradores, se debe recuperar la agenda de desarrollo, fortalecer la proyección de la lengua, historia, cultura e identidades comunes. En el escenario de la cancillería, la Agencia Mexicana de Cooperación Internacional para el Desarrollo es responsable de la Agenda 2030, la cual tiene que ser marco de acción para la cooperación internacional.

En la cooperación con Europa, se verá la preservación y desarrollo del patrimonio cultural, en tanto la presencia de nuestras industrias culturales es menester reforzarla. Hay que aprovechar en ese campo, las similitudes con Italia y España.

Es así como la política exterior no estará en manos de improvisados y multiusos, políticos en desgracia o amigos. Se nombrarán a funcionarios capaces y probados. Nada de aprendices. Los miembros del Servicio Exterior Mexicano no incurrirán en gastos onerosos o actividades ostentosas en sus representaciones.

Por otro lado, el plan de AMLO presentado ese 20 de noviembre de 2017, aboga por una nueva cultura de cumplimiento fiscal por parte de los ciudadanos. Se trata de que nadie escape de pagar impuestos. Quieren a su vez centros productivos en las zonas urbanas marginadas, instalaciones sustentables con centros culturales. Se contará con fondos para el desarrollo industrial de zonas marginadas, y es indispensable dividir la Secretaría de Economía para tener además la Secretaría de Fomento y Desarrollo Industrial y Tecnologías. Propugnan en el ámbito del turismo por un México visto como un destino donde se preserva, respeta y protege tanto el patrimonio cultural, como el medio ambiente.

No en vano toda política debe ser social, integrar los diferentes mexicos en uno solo que recoja lo mejor de los otros en materia de tradición, productividad, emprendimiento, solidaridad, esfuerzo y amor por México.

En terrenos de la educación, ciencia y valores, le apuestan en dicho documento a una profunda transformación del Conacyt. A un incremento sustancial del presupuesto del sector cultural. Además, que cada escuela disponga de un archivo con los documentos, testimonios, representaciones videográficas, fotográficas y artísticas de la historia de la comunidad y de la escuela.

Los amloistas no tuvieron pudor en reunir textos inconexos en 415 páginas que, de seguro, no leyeron de corrido.

La (entonces) escritora y diputada por Morena, Laura Esquivel, tajante y feliz, leyó ese 20 de noviembre de 2017 en el Auditorio Nacional, varias líneas dedicadas al sector cultural. Con las miras de quien se veía como secretaria de Cultura, soltó: "La cultura es el eje transversal de toda transformación revolucionaria".

En encendida narración dijo que "para favorecerla, las emisoras de radio y televisión estatales abrirán sus espacios para la expresión de los artistas locales, se ampliará la cobertura de estos medios, se establecerán convenios para que algunos de ellos se puedan ver y escuchar más allá de las fronteras".

Con la boca seca de pendiente por las fabulosas implicaciones de tales medidas revolucionarias, me encajé en su cuento: "El programa de cultura será democrático, incluyente, pluricultural, abierto a las expresiones del mundo, participativo, que valore nuestra herencia cultural, y proteja nuestro patrimonio histórico, artístico y cultural. Brindará acceso gratuito de internet en escuelas, parques y lugares de encuentro".

Paralizado por la jauja que se prepara cual asalto al cuartel de mando, leí: "El Estado mexicano dejará de ser un realizador y coordinador de actividades culturales para convertirse en un propiciador, de manera que su papel sea el de impulsar el desarrollo cultural de las comunidades, de los pueblos indígenas, de los barrios urbanos, de las zonas rurales, de las entidades periféricas, y en general, de toda la población mexicana".

Acudí entonces a una mayor precisión de la andanada: "Se modificará la práctica de 'llevar la cultura' a la gente. Lo que se necesita es que se apoye financieramente para el desarrollo cultural de cada pueblo y ranchería, para que puedan generar proyectos culturales dentro de cada comunidad". ¡Ah jijos, qué asustada estará "Maraki"!, pensé. "Se aplicará un criterio para que la sociedad civil dedicada a la cultura, dígase pequeñas librerías, cafés literarios, espacios alternativos, centros culturales independientes, puedan desarrollar su proyecto sin presiones fiscales y con estímulos gubernamentales". Viene, viene…

Miel para mis panes, hasta pensé en ese noviembre de 2017 que estas líneas me las dedicaba la legisladora sin poder nombrarme: "Asimismo, todas las micro, medianas y grandes empresas cuyo objetivo sea la promoción de la cultura en cualquiera de sus manifestaciones: editoriales, museos, centros culturales, etc., tendrán una atención adecuada por parte de los gobiernos locales, estatales y federal".

Desesperado por la lejanía (entonces) al 1 de diciembre de 2018, decidí que esta prosa de Esquivel debería convertirse en una suerte de herencia filosófica para la Secretaría de Cultura: "La cultura específica de una colectividad implicaría una síntesis original de tres dimensiones: la capacidad creadora e innovadora de la colectividad, su facultad de adaptación y su voluntad de intervenir sobre sí misma y sobre su entorno. En resumen, la cultura hace existir una colectividad en la medida en que constituye su memoria, contribuye a cohesionar a sus actores y permite legitimar sus acciones. En otras palabras, la cultura, socialmente, es determinada y determinante, estructurada y estructurante. Estructuremos una cultura de paz".

Y por largas horas fui y vine por las 415 páginas del plan de Morena-AMLO. Nada. Ni una palabra que me diera la absoluta certeza de lo enunciado por Laura Esquivel en aquella ceremonia.

Que la memoria no sea hierba.

Mirada retro desde el CEFP, a manera de posdata. Presupuesto ejercido subsector/sector cultural a nivel federal.

Año	Nominales	Reales	Variación
2004	6,314.00	13,703.20	
2005	7,506.10	15,386.60	12.3
2006	8,911.70	17,170.70	11.6
2007	9,154.20	16,672.80	-2.9
2008	10,862.90	18,634.80	11.8
2009	12,290.40	20,282.90	8.8
2010	14,194.00	22,406.00	10.5
2011	15,504.70	23,123.80	3.2
2012	20,894.90	29,945.40	29.5
2013	19,527.30	27,563.70	-8
2014	19,908.70	26,907.50	-2.4
2015	21,800.20	28,651.70	6.5
2016	20,517.00	25,533.80	-10.9
2017	13,571.00	15,828.10	-38
2018	14,267.50	15,855.00	0.2
2019	13,158.70	14,042.20	-11.4
2020	12,009.70	12,454.10	-11.3

Tasa de Crecimiento Media Anual TMCA			-0.6
2022	IT	2,540.2	

Fuente: Centro de Estudios de las Finanzas Públicas de la Cámara de Diputados.

Los papeles del Auditorio Nacional; ¿rescate a la vista?

En 2018, se presupuestaron ingresos por 569.1 millones de pesos. El total de costos y gastos, se estimaron en 367.9 millones de pesos. Es decir, una utilidad de 201.2 millones de pesos.

Según los papeles en poder de Paso libre, dicha utilidad superó con creces la obtenida de los años 2013 a 2017 que fue, respectivamente, de 48.9, 31.5, 55.9, 48. 2 y 116.8 millones de pesos.

Sin ingresos en 2020 ¿toca a la puerta un rescate?

Las finanzas del Fideicomiso para el Uso y Aprovechamiento del Auditorio Nacional (FUAAN) son un secreto que decidieron guardar desde el renacimiento del recinto en la etapa neoliberal. Una secrecía que bien conservan los operadores de la cuatroté.

Como es un fideicomiso privado y a la vez mixto, solo las autoridades del Gobierno de la Ciudad de México, de la Secretaría de Cultura federal, de Nacional Financiera y el puñado de empresarios que forman parte del Comité Técnico, saben cómo han sido las cuentas del recinto, que son responsabilidad del Coordinador Ejecutivo y secretario del Comité en turno, Eduardo Amerena, quien fue designado en junio de 2016.

Si bien quien preside el Comité Técnico es la secretaria de Cultura, Alejandra Frausto (la Vicepresidencia corresponde al Jefe de Gobierno), nada dicen saber en su dependencia. Tras negar su papel en la suerte de paraestatal que es el FUAAN, solo remitieron, en una respuesta de transparencia, a la empresa pública Servicios Metropolitanos (Servimet), la cual, según esta fuente, es el fideicomitente.

Solo que en la estructura de Servimet, no aparece.

El fiduciario es Nacional Financiera desde 1992, cuando se crea el fideicomiso, a la diestra del presidente Salinas, del regente Manuel Camacho Solís, y del titular del Consejo Nacional para la Cultura y las Artes, Rafael Tovar, tras la grandiosa remodelación.

El fideicomisario es el Instituto Nacional de Bellas Artes y Literatura (INBAL) instancia que al lado del gobierno capitalino, reciben participaciones de los ingresos del Auditorio, así como un "lote" de fechas en el AN.

Solo que tampoco se sabe bajo qué criterios se reparten esos fondos y se resuelve la programación.

A través de transparencia, el INBAL entregó los montos transferidos en el periodo de 2012 a 2019, que sumaron más de 215 millones de pesos, con la aplicación que en el cuadro se detalla.

AÑO	IMPORTE CAPTADO	FECHA	OBSERVACIONES
2012	28,451,298.70	ABRIL Y JUNIO	
2013	28,823,155.10	ABRIL, JUNIO Y OCTUBRE	LOS RECURSOS DE INGRESOS EXCEDENTE CAPTADOS FUERON ENTERADOS A LA TESOFE CONFORME A LA NORMATIVIDAD ESTABLECIDA. SE REALIZARON LAS SOLICITUDES DE DEVOLUCIÓN CORRESPONDIENTES, MISMAS QUE LA SHCP AUTORIZÓ Y DEVOLVIÓ COMO RECURSOS FISCALES A TRAVÉS DE AMPLIACIONES LÍQUIDAS. DICHOS RECURSOS SE UTILIZARON PARA COMPLEMENTAR LA REALIZACIÓN DE EVENTOS ARTÍSTICOS, CULTURALES Y EDUCATIVOS, QUE LLEVAN A CABO LOS DIFERENTES CENTROS DE TRABAJO DEL INBA, LO QUE PERMITIÓ, A SU VEZ, CUMPLIR CON LOS PROGRAMAS DE TRABAJO INSTITUCIONALES.
2014	30,234,941.50	ABRIL Y MAYO	
2015	24,075,115.38	MAYO Y JUNIO	
2016	26,260,157.00	MAYO Y JUNIO	
2017	26,351,772.00	OCTUBRE	
2018	20,745,547.00	JULIO	
2019	29,000,000.00	DICIEMBRE	

Otra solicitud se hizo a la Secretaría de Finanzas de la Ciudad de México: simplemente no respondieron.

Levantado en avenida Reforma en 1952, el primeramente llamado Auditorio Municipal, pasó de la administración del entonces Departamento del Distrito Federal, a la Secretaría de Educación Pública y de ahí al INBAL, quien es propietario del predio y del edificio.

El FUAAN tiene una estructura propia, con cuatro direcciones y ocho subdirecciones. Suman alrededor de 100 trabajadores y se dice que los salarios son tan buenos, que el Coordinador Ejecutivo supera los 200 mil pesos mensuales.

El mando directivo del fideicomiso lleva las correas cotidianas de la programación y los negocios de la empresa por lo demás exitosa al menos por venta de boletos. En 2019 reportó un millón 277 mil 839 entradas, ubicándolo en el primer lugar en recintos de su tipo, según la revista *Pollstar*.

Se estima que entre el 40 y 50 por ciento de la programación es definida por OCESA, quien cubre reservaciones con anticipación. Si bien la mayoría de las veces el fideicomiso no juega como productor asociado de los espectáculos, a veces ha llegado a hacerlo: tampoco se pueden saber los resultados. De manera reciente, se señala su asocio con Grupo Radio Centro.

Han sido directores desde 1991 Manuel Elizundia, Pedro Baranda, María Cristina García Cepeda y Gerardo Estrada. A todos ellos, como a Eduardo Amerena, los ha propuesto quien preside el Comité Técnico; antes, los presidentes del Conaculta, después, la secretaria de Cultura.

Amerena, quien fuera secretario técnico del Conaculta y luego director del IMCINE, ambos cargos en la primera larga etapa de Rafael Tovar, fue promovido por el mismo Tovar en su tercera ocasión en el cargo, para sustituir a Estrada. Después lo ratificaron tanto García Cepeda como Frausto.

El Comité Técnico sesiona cuatro veces al año. Se integra por 15 asientos, cinco para cada parte, Secretaría de Cultura, Gobierno de la Ciudad y empresarios. La lista de todos ellos, evidentemente, tampoco se conoce. Entre los privados se señalan en uno u otro momento a Carlos Slim, Alfredo Salem Slim, Gilberto Borja, Roberto Hernández, Cándida Fernández, Manuel Arango, Alejandro Soberón, Alejandro Ramírez, Gerardo Mancebo Muriel y Fernando Landeros. El arquitecto Teodoro González de León (1926-2016), quien al lado de Abraham Zabludovsky (1924-2003) concibieron la remodelación del bautizado coloso de Reforma, también llegaron a participar del comité.

Además, a cada sesión acuden representantes de Nacional Financiera, de la Alcaldía de Miguel Hidalgo y del despacho auditor externo.

Ubicado en la Unidad Artística y Cultural del Bosque, son parte del patrimonio del auditorio el estacionamiento subterráneo, El Lunario y la tienda, amén de la explotación de otros giros alrededor de los espectáculos, algunos de ellos objeto de polémicas (ver https://www.cunadegrillos.com/2019/02/20/eduardo-amerena-y-las-demandas-que-enfrenta-el-auditorio-nacional/).

El llamado Estacionamiento Ecológico, que sigue en pleito con los concesionarios, es asunto del Gobierno de la Ciudad.

Tras el aciago año 2020, muchos se preguntan si el Auditorio Nacional sobrevivirá a la crisis económica de la industria del espectáculo por falta de ingresos.

Si sus ahorros e inversiones le dan garantías de reintegrarse al circuito una vez que se supere la emergencia sanitaria.

Si ante la debacle, tendrá que ser rescatado.

O si al tenor de lo que pregona la cuatroté, finalmente abrirán la historia financiera del recinto, a través de disolver el fideicomiso y operar una paraestatal sujeta a las normas de la Administración Pública Federal.

En la poda de los fideicomisos, el FUAAN salió por lo mismo ileso, como muchos otros del Gobierno Federal y no pocos del local, si a la larga lista de Servimet nos atenemos. Mantiene sus secretos bien guardados, ante la mirada complaciente del presidente López Obrador, de la jefa de Gobierno, Sheinbaum y de la secretaria Frausto.

Los papeles financieros del FUAAN

La serie presupuestal 2013-2018 en manos de Paso libre, permite algunos atisbos al comportamiento financiero de los años recientes del célebre centro de arte y cultura.

El año de menores ingresos fue 2014, con 251.3 millones de pesos (mdp en adelante), mientras que los "costos y gastos" fueron de 219.9 mdp.

En 2015 se alcanzó lo que quizá es hasta ahora el techo de ingresos, con 579.2 mdp, siendo el 2018 —como previsión presupuestal— la suma de 569.1 mdp. En este año se dispararían los "costos y gastos" a 367.9 mdp con respecto a 2017 que fueron de 242.6 mdp, pero lejos de alcanzar los 523.3 mdp de 2015.

Aun cuando se puede observar la composición general del presupuesto sujeto a aprobación del Comité Técnico, por parte del Coordinador Técnico y secretario del Comité, Eduardo Amerena para el 2018, y pese a que contamos con otros papeles informativos, no se pudo encontrar respuesta a estas variaciones.

Tampoco se especifican los criterios aplicados y los montos destinados de las utilidades al INBAL y al Gobierno de la Ciudad; no se enlistan las actividades realizadas, tampoco la relación de clientes o arrendadores del auditorio. No se puede saber cuánto se destina y por qué a proyectos artísticos "propios". Menos aún se informa al Comité Técnico de los sueldos, salarios y prestaciones.

En ese sentido, para 2018, de los 367.9 mdp, se estimaron etiquetar para el "factor humano" 117.1 mdp, para "personal outsourcing", 13.5 mdp, para "alimentos y bebidas" 27.1 mdp y para "servicio a promotores" 112.8 mdp, es decir, tan solo 4.3 millones de pesos menos de lo que suponemos es el pago de la plantilla laboral fija del Auditorio Nacional y el Lunario.

No deja de sorprender la cifra de ingresos por "aprovechamiento de inmueble", que se contempló para 2018: la suma de 316.4 mdp, sobre todo si consideramos tres factores: el número de asientos disponibles (cerca de 10 mil), los (por lo general) altos precios de los eventos y los importantes patrocinios de los operadores.

Además, en contraste, el "factor humano" venía a representar más de una tercera parte del "aprovechamiento", mientras que la "comercialización" se aprecia escasamente representativa en el conjunto presupuestal, con 51.1 mdp, cuando la "comisión por boletaje" se proyectó en 38.4 mdp.

El Lunario, "el hermano menor", previó obtener 39.1 mdp, de los cuales dos conceptos de sus "costos y gastos" le consumirían casi el 50 por ciento: "eventos Lunario" y "gastos Lunario" con 15.2 y 4.5 mdp, respectivamente.

Como parte de los papeles financieros en poder de Paso libre, también podemos citar los efectos del sismo de 2017. Cesaron actividades del 19 de septiembre al 4 de octubre, dejaron de asistir alrededor de 105 mil personas, se contrajo la expectativa operativa y por ello se dejaron de obtener utilidades por 17 millones de pesos.

Los documentos consignan, entre otros asuntos, la demanda judicial por el adeudo del cantante Luis Miguel por 2.3 millones de dólares americanos. Igual se informa de la contratación del despacho de Teodoro González de León para elaborar el Proyecto Ejecutivo "de un estacionamiento subterráneo bajo la calle del lado oriente colindante con el Auditorio Nacional y el Centro Cultural del Bosque".

Como toda información incompleta, pero reveladora del mapa en el que se mueve un fideicomiso que la cuatroté no tiene interés en transparentar, despunta un dato revelador.

Al 30 de septiembre de 2017, en "efectivo en caja y bancos", hubo 422 millones 882 mil pesos. En el multicitado presupuesto de 2018, como en los otros papeles, no se hace alusión a saldos en cuenta como soporte o parte del patrimonio del FUAAN. Solo se citan 15.7 millones de "productos financieros".

FUAAN: renuevan equipos a los cuatro vientos

Aunque la actividad en los recintos culturales y centros de espectáculos se encuentra en paro, tanto en el Auditorio Nacional como en el Lunario, se actualizaron los sistemas de sonido existentes por equipo de última generación.

De acuerdo con el artículo publicado en el sitio de la Revista *Soundcheck,* el equipo fue sustituído por equipo marca L-Acoustics, de origen francés, mismo que ha sido instalado en otros recintos como el Pabellón M en Monterrey y el Pepsi Center en la capital del país.

Nicolás Peláez, director de Producción del Auditorio, menciona en el artículo que el equipo de sonido tenía 12 años funcionando y el sistema de iluminación alrededor de 30 años, justo las tres décadas de inicio de la transformación del emblemático recinto. Señala Peláez que se abrió una convocatoria por invitación para que las empresas presentaran su propuesta económica y de diseño técnico. Bajo un modelo de licitación como el que se lleva a cabo en la administración pública —al cual el fideicomiso no está obligado— un comité recibió cada propuesta ante Notario para validar su transparencia.

De esta manera se asignó el proyecto de actualización sonora a Vari Internacional S.A. de C.V., el único distribuidor certificado por L-Acoustics en México. A principios de julio de 2020 se inició el proceso de sustitución. El montaje lo hicieron el personal de la empresa y staff técnico del auditorio.

Resulta particularmente interesante que fuera la misma empresa la que ofreciera a la venta el equipo saliente a través de redes sociales como Linkedin, utilizando los alias "Coloso de Reforma" y "su hermano menor", refiriéndose al Lunario. El costo final de la actualización no ha sido revelado.

Los librazos del FUAAN

1952-2002 Auditorio Nacional (2002) y *200 años del espectáculo Ciudad de México* (2010), son dos tesoros bibliográficos. Se deben a la administración de María Cristina García Cepeda, la más larga y transformadora desde la creación del fideicomiso, del 2000 al 2012.

Son dos libros de arte de extraordinaria factura; resultan referentes para comprender la historia del sector cultural.

Mayor hubiera sido su contribución de haberse incluido el componente económico; el historial del desarrollo del Auditorio Nacional ligado al gasto e inversión gubernamental, así como las finanzas propias, al igual que el impacto en las cadenas de valor que se han nutrido de su larga y provechosa actividad.

¿Es que en verdad hay tanto que ocultar, sobre todo, de la historia reciente?

Del abundante acervo que reúnen estas bellas piezas editoriales, para cerrar este texto, recupero algunos fragmentos de la crónica *El Auditorio Nacional, el testigo, el protagonista, el símbolo,* de Carlos Monsiváis, que abre el tomo *1952-2002 Auditorio Nacional.* Resulta una delicia leerlo en estos tiempos de pandemia.

"En su turno, el Auditorio Nacional, sin tanta conciencia de sus posibilidades, anuncia el principio del fin de lo destinado a públicos muy específicos".

"En la era del amor por lo institucional, el Palacio de Bellas Artes es la cima de los éxitos (…) Pero las 2,300 butacas del Palacio que se dispuso para la élite y la minoría con fervor artístico genuino resultan insuficientes y se demanda un lugar que, bajo techo, seleccione, reproduzca y amplíe el cometido de los estadios con sus tablas gimnásticas a cargo de miles, su teatro de masas, sus desfiles de grupos regionales, su exaltación de la danza folclórica. Al Auditorio Nacional se le otorga el papel abigarrado: ser escenario de multitudes".

"En la historia de la ciudad de México no es exagerado señalar el Auditorio Nacional como el sitio donde aparece por vez primera la Muchedumbre Selecta".

"(…) en el Auditorio Nacional se ratifica la especie que será clásica y típica en la segunda mitad del siglo XX, los espectadores que ni determinan los mitos ni viven el pasmo estético, pero que se sienten muy honrados con su rol de público vigoroso en la ciudad que hace del monstruosismo el sinónimo de la energía poderosa. No, no existe el Rockefeller Center, pero sí la profecía de su inminencia: el Auditorio Nacional".

"Y el día que se acabe la ciudad de México, va a ser muy complicado hallar asiento de primera fila en el Auditorio".

"La pareja que en 1952 dudaba entre ir al cine o ver la Feria en el Auditorio reaparece como la pareja (la familia, la persona) que adquiere los boletos con semanas o meses de anticipación y se prepara gozosamente para superar los riesgos del tráfico y disfrutar de la envidia ajena, que ya vendrá cuando les cuenten".

4T: el derrumbe que apalanca un nuevo sector cultural

1 Al mandatario Andrés Manuel López Obrador le digo que sus acciones empujan las siguientes líneas.

El bombardeo al que el tabasqueño ha sometido al sector cultural —encontrando en la pandemia un magnífico aliado— propicia ya los trazos de una reedificación de este —que también puede decirse resurgimiento— a partir de que deje Palacio Nacional en el otoño de 2024.

Sin contendientes por su lugar supremo en el historial del proceso que ha encabezado, vale reconocer el despliegue de la secretaria de Cultura, Alejandra Frausto, para lograrlo.

Su aguantadora eficiencia en las filas del lopezobradorismo, su férreo carácter de generala, el manejo audaz de la artillería, permitirán a Frausto heredar un conjunto de vestigios institucionales dignos de la envidiable labor de los arqueólogos forenses del sector cultural.

Quien encabece el aparato institucional con la próxima presidenta de la República, encontrará tan despejado el paisaje, que la reconversión de la política cultural y de los organismos para encauzarla augura, desde este momento, toda una revelación.

Algo jamás imaginable para quienes promovimos la urgencia de una reforma cultural.

A los operadores del ataque, a las y los servidores públicos federales de primera línea que se la juegan ejecutando lealmente las órdenes del alto mando, mi mejor caravana. Tampoco nadie en su sano juicio les disputará su lugar —el que sea— en el historial de la nación: lo podrán corroborar puntualmente cuando, a su gallardo paso por las calles, la gente les hagan señales que les cortarán el aliento de la impresión.

Mucho menos serán olvidados como parte del afán demoledor, no pocos servidores públicos en instituciones de cultura en los estados y municipios de la Patria (con mayúscula, como la vacuna del Covid 19 a este momento inexistente) así como los que, con abundantes municiones o desde la cómplice contemplación, confiaron en que solo la ruta de la anulación del viejo orden aseguraba el pase a un país en verdad radicalmente distinto.

En este breve repaso de honores, es menester nombrar a los del otro bando, los adversarios. Dejo constancia del valor, del arrojo, del sacrificio, de la entrega de quienes, en los distintos frentes de resistencia del sector cultural, al defender con toda el alma lo que estiman debe mantenerse en pie, lo han hecho seguros de que la andanada —por feroz que sea— tiene fin.

En la lucha, recolectar saldos es asunto clave para el 2025.

Pacto, acuerdo, concordia

El costo que se ha pagado en esta confrontación ha sido y será muy alto, así como diferenciados los asegunes. A los que por edad el horizonte se nos achica, los dioses nos tengan en sus pensamientos, quizá en ese porvenir de poco o nada sirvamos.

Aquellos de más vigor —en cualquier sentido— levantarán orgullosamente el nuevo mapa sectorial.

Viene, en suma, un sector cultural del postneoliberalismo, o si se quiere, un sector cultural de la Cuarta Transformación o también sector cultural postcovid en la cuatroté.

Es un acontecimiento que debemos ser capaces de advertir, estudiar, leer, proyectar, intervenir.

La actitud en lo que resta del sexenio —más allá de las elecciones intermedias, de los siguientes ajustes para afianzar el nuevo régimen—

es la de vislumbrar la trama de la incubación sectorial, la de dibujar cómo serán los primeros balbuceos de la otra vida cultural una vez culmine la conflagración.

Para ello, necesitamos aceptar que etapas anteriores son aleccionadoras, con sus buenas y sus malas, pero son eso: fruto del más allá que debe quedar en vista de museo, de acervos de arqueología sectorial.

Un siglo XIX notable por una actividad cultural que pudo desenvolverse sin un Estado metido en su funcionalidad. El ser decimonónico prefiguró el sector cultural con sus protagonistas en los ámbitos público, social y privado.

Un porfiriato que instauró modelos y prácticas del quehacer artístico, intelectual.

Una Revolución que alimentó anhelos, expresiones y figuras, para despuntar en dos pilares: la Universidad Nacional Autónoma de México y la Secretaría de Educación Pública.

Una etapa de expansión con el nacionalismo revolucionario, con un despliegue de intervención cuyos alcances, aunque en muchos la añoranza, son piezas de vitrina.

Hablamos de un larguísimo trayecto con incesante procuración estatal: Fondo de Cultura Económica, institutos nacionales, Subsecretaría de Cultura, Dirección de Asuntos Culturales en la cancillería, reformas constitucionales, Consejo Nacional para la Cultura y las Artes, Secretaría de Cultura, Ley de Cultura y Derechos Culturales. Un catálogo abrazador que hizo réplica en casi todos los rincones de México.

Un elenco entretejido con un mercado cultural, un mecenazgo privado (aunque avaro), un poderoso enjambre de instituciones de educación superior y un listado de organizaciones de la sociedad civil.

Ahí en el territorio nacional, pues, un sector cultural con todos sus actores en lo público, lo social y lo privado que se instaló, en ruta imparable a pesar de montones de conflictos, desde la nación Independiente.

Toda una evolución y un universo cuyas lógicas de desarrollo se han topado finalmente con la artillería de la denominada Cuarta Transformación.

Estamos ante un ajuste de cuentas que ni en los periodos enloquecidos de Antonio López de Santa Anna, ni del mismísimo Benito Juárez con la Guerra de Reforma, ni en la dureza de Porfirio Díaz, ni en el sacudimiento revolucionario, ni en el largo dominio del PRI, ni en las crisis económicas, ni en la alternancia política de principios del siglo XXI se presentó.

Aniquilar un todo histórico del sector cultural que, por pragmatismo, se mete en la denominada "herencia neoliberal", como se engarza en fondos para las comunidades pobres, se levanta como condición para erigir otra nación cultural, la del lopezobradorismo, un tránsito cuya autopista no tiene retornos.

Dejar de añorar paradigmas que fueron eficaces, hacer a un lado la exigencia de reinstalar lo que por generaciones definió el comportamiento del sector cultural, así como sustraerse temporalmente del simple cumplimiento de los principios rectores, es indispensable para no quedar al margen de lo que se gesta.

Aunque suene duro: aun sea costa de lo establecido en la Constitución.

Prefigurar la geocultura tras la batalla sectorial de la 4T, pese a las bajas que dolorosamente se van aconteciendo en los variados bandos, es el fin en estas líneas.

Me encuentro seguro de algunas cartografías que nos aguardan más allá del indomable régimen presidencial del dueño de un rancho en Palenque, Chiapas.

2 Con la próxima presidenta de la República, aires de un Maximato.

Pero mientras el jefe Máximo de la Cuarta Transformación velará por la ideología del Estado, así como por las acciones y las obras que dejará inconclusas, dispuesto a todo para que el sucesor no se desvíe un milímetro del legado, el nuevo mandamás tendrá márgenes de intervención.

Uno de ellos será la institucionalidad cultural y el nuevo destino del sector cultural. Es decidirse a poner rieles a la reforma cultural pospuesta.

En la campaña en pos de Palacio Nacional y a la hora de designar al titular del despacho de la calle de Arenal (el secretariado en Tlaxcala será, por supuesto, un traslado inacabado) en primer orden estará el porvenir de la Secretaría de Cultura y de los anclajes legales.

¿Tendrá sentido sostener la dependencia en la precariedad y desarticulación heredadas o mejor fijar una alternativa? ¿Se proclamará, ahora sí, una reforma cultural o se dejará otra vez a la inercia más o menos consistente, los seis años del segundo gobierno de la era del postneoliberalismo?

En un escenario en donde no habrá mejora económica en el país, en el cual es imposible abrir la llave de puestos de trabajo formales en el ámbito gubernamental, en un Ramo de la administración pública donde se incrementarán las jubilaciones del personal sindicalizado y donde el presupuesto federal tendrá contados cambios, la primera opción es terminar con la compactación de la Secretaría de Cultura.

Las condiciones para tal decisión estarán más que dadas, pues los mayores costos se habrán facturado en el lopezobradorismofrautismo. Se trata de un empujón hacia lo ineludible y que encontrará escasa resistencia.

En esa trama reformista se potencian como ejes a los institutos existentes, con mayores atribuciones y se deja un puñado de dependencias "mix", es decir, en combinación de propósitos. También se encauzan algunas acciones desconcentradoras como, por ejemplo, entrega de bibliotecas a gobiernos estatales, así como las oficinas de culturas populares; el Cervantino en manos de Guanajuato, el Centro Cultural Tijuana de las autoridades bajacalifornianas.

Los que lleguen al poder cultural en otoño de 2024, tendrán justamente eso, un impresionante poder para decidir lo que se negaron a realizar tanto los neoliberales por miedo a pagar los platos rotos, como la primera gestión cuatroteista por falta de inteligencia y coraje.

En otro guion, los que arriben al segundo sexenio "liberal", podrán optar por un modelo mencionado en distintos momentos del acontecer de la política cultural mexicana. La de un organismo similar a una secretaría de Estado que, ciertamente ciudadanizado, gire de diferente manera en la órbita del poder presidencial, es decir, como una instancia directa de la Presidencia de la República.

Puede llamarse nuevamente consejo, o bien instituto, o un Sistema Nacional de Desarrollo Cultural.

Otra alternativa predecible es la diseminación (fragmentar no es del todo negativo) de políticas y funciones: unas a Secretaría de Bienestar Social, otras de regreso a la de Educación Pública, las hay para darle consistencia a la Secretaría de Turismo, incluso a Comunicaciones y Transportes y a lo que se salve de los organismos autónomos: ¿Se imaginan los estímulos a la creación en un fideicomiso en el Banco de México?

Lo que deseo subrayar en esta parte es que, a los que ya se frotan las manos contando los días que faltan para el trono presidencial de 2024, les van a sobrar cartas para jugar la reconfiguración del Estado en el sector cultural. Ajustar los marcos normativos que la reingeniería impone será muy accesible, menos traumática; es más, se antoja esperanzadora.

Con una intervención estatal simplificada al máximo como a lo irrenunciable, girando en un modelo con poco de francés y más de norteamericano, se juega también el destino de los otros actores del sector cultural. Me refiero a los que serán los verdaderos portadores de la era postcovid, postneoliberal y cuatroteista 4.0.

Debo de nombrar lo siguiente para designar lo menos probable: aun con el descomunal acontecimiento que significaría el derrumbe del andamiaje amloista, con el regreso de otro "mix" entre PRI, PAN y PRD al poder absoluto (vaya presidencialismo que heredará AMLO a quien sea el nuevo inquilino de Palacio Nacional) el destino del sector cultural no será el retorno a lo que fue amputado.

Ni con el coronamiento de un presidente "ciudadano".

Ya no hay reversa. No debe haberla. Lo realizado por López Obrador y su ejército debe aprovecharse para un nuevo orden sectorial.

3 El pragmatismo cuatroteista logró en menos de tres años lo que neoliberales y sus antecesores, los nacionalistas revolucionarios, no pudieron en décadas en el sector cultural.

Por delante el grito justiciero de que "si buscan dinero, a ver dónde lo encuentran, porque en el gobierno nada más poquito y despacito", los liberales amloistas han diseccionado a su manera la siempre visible actividad económica de la cultura.

De este lado, alardean, nosotros con el Estado, con la propiedad simbólica del capital cultural que nos conviene y con el gasto público, del otro, ustedes los empresarios culturales, las organizaciones de la sociedad civil, los mecenas fifís, las instituciones de educación superior públicas y privadas, así como quien bien guste de las filas del conservadurismo.

¿Y dónde está el dinero?

Verdad de siempre, a la vista, en blanco, negro y a todo color, pero de manera cruda, descarnada, desde que inició la Cuenta Satélite de la Cultura del INEGI. Está en el mercado cultural.

Macizos en su desnudez los números, son arrojados al rostro de la comunidad cultural y científica por el régimen que nos gobierna.

Entonces, sin más consideración que obsequiosos con el dicho "a rascarse con sus propias uñas que al fin hay libertades" (mientras el SAT no diga lo contrario) el nuevo sector cultural de la era postneoliberal, por empeño de la 4T, fincará aún más sus reales y postreras capacidades entre la oferta y la demanda.

Así de crudo.

Quienes no se atengan al comercio de bienes y servicios con mayor innovación y competitividad (dicho en el mejor de los sentidos, de veras) tendrán que olvidarse de sus oficios y migrar a otros.

Así se dibuja la herencia del cuatroteismo: en la cobija del gasto público caben tan pocos (sobre todo los que son leales a la causa) en el sarape fiscal tan poquitos también (a ver si terminan de entender los mecenas y aflojan la billetera) que háganse buenos negocios entre los unos y los otros, que el mercado interno es suyo.

Eso, ya que en el mercado externo casi no hay lugar… Ni lo habrá (que le pregunten, entre otros, a Televisa, a CIE, a Cinépolis, a ver qué dicen).

Mientras unos podrán alegar que la cadena alimenticia no se altera ni se modifica sino todo lo contrario, o que en materia económica son incesantes los reacomodos como la redistribución del dinero circulante en el consumo, lo cierto es que tras el sexenio de AMLO la purga (o la depuración) será tal, que quienes sobrevivan encontrarán un mercado robusto.

En la reconfiguración de la economía cultural, se verá con el tiempo uno de los costados más cruentos del ajuste lopezobradorista. Su brutalidad procreará en los lustros por venir un sector que no echará de menos tiempos pasados.

Es más, los futuros secretarios de Cultura a nivel nacional (con lo que quede de los organismos "rectores") les pondrán alfombra roja tanto al variopinto empresariado cultural como a los siempre escasos ricos del país.

En efecto, los caminos del generalísimo tabasqueño, de la generala Frausto y sus subalternos en la artillería, son escrutables. De quienes vienen resistiendo la andanada desde el 1 de diciembre de 2018 depende no hacer esas rutas inescrutables y con ello, perder la oportunidad de ver lo que viene en lugar de replegarse añorando lo que fue.

La bola de humo del pitcher estelar que es el hacedor de la patria beisbolera centra el strike que el umpire en obediencia ciega canta: la mejor política económica es la que no existe. Logrado el ponche que enarbola "no hay peor ciego que el que no quiere ver", las cuentas tristes o alegres son de quienes las trabajan.

Nunca antes se había demostrado que, para llegar a esta insuperable situación, la estadística, los datos, las cifras, la prospectiva, la planeación, los escribanos de las mismas, son variables de un juego perdido por blanqueada.

López Obrador y sus operadores dejarán un diamante abierto a todos los que quieran vivir para contarla comerciando. Un territorio que cualquier aspirante que luego sentará sus reales en Palacio Nacional en 2024, ni loco dejará de abonar.

Ventajas de que alguien haga antes el trabajo sucio.

4 Con la llave del gasto público a cuentagotas, con un mercado lleno de bienes y servicios culturales de gran riqueza en feroz disputa por el dinero de los consumidores ¿qué rebanada del pastel le toca a las organizaciones de la sociedad civil, a los mecenas fifís, a las instituciones de educación superior públicas y privadas, así como a quienes no les

quede de otra que ser parte de este segmento del conservadurismo en tiempos del cuatroteismo postcovid, del postneoliberaismo, de una 4T 4.0 en el sector cultural?

En las evidencias que bien se pueden encontrar en los distintos análisis que he realizado por mucho tiempo —las de un año y pico pandémico en Paso libre a su disposición— dejan en claro que la liquidez en este segmento es escasa, aunque el capital simbólico sea incuantificable.

Eso se traduce en un potencial explotable cual yacimiento de litio sonorense si se derrumban los prejuicios, enconos y autocomplacencias que por décadas han alejado entre sí a los actores de este campo del sector cultural.

Es más, no les queda de otra: solo de esta manera evitarán una mayor mortandad o, lo que es peor, un estado de coma persistente llegado el final del bombardeo comandado por el generalísimo Andrés Manuel López Obrador, por la generala Alejandra Frausto y sus diligentes artilleros, en el otoño de 2024.

Tan lejos de Dios y tan cerca de los Estados Unidos, las ONG's y el empresariado con fondos para el mecenazgo deberían entender que no les queda de otra que mirarse, sin máscaras, en el espejo estadounidense.

Si quienes habitan este segmento del sector cultural se deciden a empatar sus intereses, a tomarse el amplio terreno que deja sin cubrir el gobierno de la austeridad republicana que no se irá —al menos— antes del 2036; si asumen que más allá de algunas reformas fiscales que amplíen las deducibilidades, lo que se necesita es que muchos ricos se decidan a participar —y agotar— el espacio fiscal existente, verán que siendo un frente organizado podrán ganar en todos sentidos.

En una apropiación por abandono, se trata de levantarse en el nuevo sector cultural que incuba el amloismo, con una dimensión extraordinaria del poder de la cultura.

¿Dudas sobre la afirmación anterior? Caramba, tienen a escasos kilómetros a los norteamericanos. Ya basta de añorarlos en muchos de sus modelos de desarrollo o bien hacerles reverencia por la generalidad de sus industrias (creativas o no): nada más inviertan en importar el ADN.

Dicha materia genética va a su vez en inyección intravenosa a ver si cambian las entendederas de las instituciones de educación superior (IES). A ellas les corresponde dar fin a un modo de ser que, nacido en el nacionalismo revolucionario, solapado en su falsa innovación por los neoliberales, regodeado en un vodevil de criadero de talentos, se han negado a cambiar sus paradigmas.

Que no suspiren por los modelos educativos y de financiamiento europeos. Como en el caso de sus otros compañeros de viaje rumbo al siguiente sexenio cuatroteista, mejor importen ADN de Norteamérica o al menos de Asia.

Más les vale a las IES privadas antes de que terminen por ser empleadas (las que faltan) de franquicias o de fondos de inversión, justamente, gringos; o aquéllas que, en su gusto por el reino de Patolandia, creen que el disfrute de los corruptos rendimientos de la mediocridad será eternos.

Más les vale a las IES públicas divididas en dos sanguinolentos bloques: en el primero aquellas en cuya terquedad (o divina ilusión) levantan oraciones cada segundo en el templo de San Andrés (o lo harán ante el santurrón del palacete en turno) para que les salven del estado vegetativo en que viven, si vivir de esa manera es digno.

En el segundo bloque, a las que conservan cierta dignidad por la inyección de gasto público que no pocas veces lleva morfina, ya que no les queda otro camino que achicarse.

La universidad autónoma y pública debe leer que le empujan a su depuración; de no ser así, el siguiente gobierno amputará a su gusto los miembros de su cuerpo.

A las autoridades universitarias (todas) les toca una transición con enormes sacrificios. De no hacerlo, serán los principales responsables de un conflicto social que, de todos modos, los llevará al mismo sendero.

A la buena o a la mala, pues.

En el vislumbre desde la primavera que ya asoma al verano de 2021, vísperas electorales intermedias, los protagonistas de este campo del sector cultural, integran un bloque para magníficas alianzas.

Aguas y aceites que conviene hagan, al fin, el milagro de una nueva alquimia. Solo así pueden otorgarse un poder capaz de sentar a negociar de otra manera al Estado.

En la metáfora que da igual si es analogía o simple jugarreta, donde el diamante de beisbol es la patria, el sector cultural, o invierte su orden al bate para irse arriba en la pizarra, aunque sea con la mínima diferencia e intentar ganar algunos juegos de la serie, o se quedará en anhelo ser parte de las Ligas Mayores.

Sector cultural: 3 años con AMLO

En los vaivenes de las mediciones del sector cultural a cargo del INEGI, los miles de millones de pesos del Producto Interno Bruto (PIB). Tomemos cuatro años, del 2018 al 2021. El último año del gobierno de Enrique Peña Nieto fueron 702 mil 132 millones de pesos (en adelante mdp). Con la baja de un punto porcentual, de 3.2 a 3.1 del PIB, en el 2019 la cifra fue de 724 mil 453 mdp.

Más dinero con menos PIB, son matices de la economía al medir, una diferencia de 22 mil 321 mdp. En todo caso es una variación muy modesta si, en ejemplo socorrido, la miramos a través de los casi 50 mil mdp de presupuesto de la UNAM para 2023. Esos dineros de la producción cultural finalmente dieron un saldo positivo al primer año de gobierno de Andrés Manuel López Obrador en el sector cultural.

El señalamiento no es menor si recordamos la avalancha de cambios y ajustes al gasto público, más los propios de la economía en su conjunto. El asunto es que lo acertivo corrió por cuenta del mercado cultural, no del subsidio del estado en cualquiera de sus expresiones, como tampoco por la producción cultural de los hogares, tercer componente central del PIB en la Cuenta Satélite de la Cultura.

Es pertinente señalar por ello que, a lo largo de la serie de 2008 a 2021, la actividad comercial ha sido, naturalmente, la base de la viabilidad del sector cultural. Los miles de millones de pesos sufrieron el golpe seco de la crisis sanitaria del coronavirus del 2020. Al igual que todas las economías del orbe. La reducción fue de 83 mil 766 mdp y de dos puntos porcentuales, es decir, 640 mil 687 mdp y el 2.9% como aporte al PIB.

También bastante se ha dicho que la afamada recuperación económica en el 2021, no alcanza a compensar el daño del 2020. En el caso del sector cultural, según la actualización del INEGI, alcanzó 736 mil 725 mdp, 96 mil 038 mdp recobrados con un punto porcentual que fija el PIB en 3.0%.

Lo que ocurre es que si bien supera el monto del 2021 al del 2019 (la cifra más alta en esta muestra), esos 12 mil 272 mdp a cualquier luz resultan pírricos. Con estos vaivenes del PIB y de los miles de millones nadie puede sentirse contento. Confirman que, si bien se salva la estabilidad del sector cultural como se sostiene una situación inercial en positivo, también evidencia la imposibilidad de un acelerón en su productividad.

Ello aun consideremos que las actividades de la cultura crecieron 7.5% mientras que la economía en su conjunto, en el 2021, fue de 4.6%. La jauja no es tanta si vemos el año 2020: nuestra economía cayó 7.8% y el sector cultural 8.9%. Pero el optimismo lo arroja otra cifra que, estimamos, no es tan alegre.

El INEGI otorga un promedio de crecimiento anual a nuestro sector del 2008 al 2021 de 3.4%, nada menos que 0.4 más que en el mismo serial pero del año pasado, es decir, 3.0%. Nuevamente la burra al trigo: vaivenes porcentuales que, en firme, no da más allá de una satisfacción pesimista. No hay manera de dejar de arrastrar el rezago en la productividad y el precario crecimiento.

Tonadas de la misma canción

Si el sostén es el mercado cultural, los componentes de no mercado, la gestión pública (gasto o derrama digo yo) y la producción cultural en los hogares, no dan para más en 15 años de registro de la Cuenta Satélite de la Cultura. Inmutables el 0.2 y el 0.6 por ciento de aportación al PIB, respectivamente. Esto significa que los miles de millones de pesos que representan, nos les da para elevarse un punto, pero —dirán las querencias— tampoco ha bajado.

En los vaivenes de las mediciones, estos dos campos distan de agotar su análisis y discusión. Sin duda merecen un ejercicio que mortales como yo no alcanzan a animar en el confín numérico de las matrices de la Cuenta Satélite. Pero no puede ocultarse la lectura más evidente: escases de flujos mayores de dinero de quienes depende económicamente dichos ámbitos.

Si juzgamos según los atractivos y atracciones que genera la reciente actualización de la Cuenta Satélite, son muy sexis los números de los puestos de trabajo ocupados que, por los vaivenes propios de la falta de sapiencia técnica, se identifican como empleos. No es correcto según la metodología, pero se corre el riesgo con el afán de cierta comprensión.

Estos datos abonan irremediablemente a lo ya dibujado hasta ahora. Si los pesos mexicanos cuentan en bruto, el tema se vuelve personal en el empleo. Tiene carne y hueso preguntarse ¿se gozan y se generan las oportunidades de tomar un puesto fijo en el sector cultural? Desde que tengo memoria la respuesta es no. Sigue siendo no. Estamos rodeados, quizá hoy más que nunca, de gente sin empleo.

Para tomarle calor a las prendas sexis, las que de pequeñas casi desnudan, en 2018 se tuvieron un millón 417 mil 825 puestos de trabajo ocupados (PTO). Al año siguiente, sólo se perdieron 23 mil 274, quedando en 1 394 551. Nuevamente los seres generosos —con empleo seguro— dirán que fue una baja mínima. Quizá esas personas que se fueron a la calle eran muy flojas.

Para abonar la supuesta felicidad, en 2008 se contaron 1 277 482 PTO. Otra vez los vaivenes sin serpentinas.

Y vino la Covid 19. Se cifraron los puestos en 1 230 124, es decir que el bicho se llevó ese año 2020 la friolera de 164 mil 427 PTO, de los cuales en el 2021 se recuperaron 43 034, para quedar en 1 273 158. ¡Vientos! Pero nos separan aun el extravío de 144 667 "plazas" que había en el no tan lejano año peñanietista de 2018.

Lo que todo esto suma es un montón de oportunidades de trabajo que no existen. ¿Cuántas? Tampoco me alcanza la morralla para responder, pero son muchísimas. Y conste que no nos metemos en los asuntos salariales. Aquí también el pero: pero casi todo el universo de los trabajadores de la cultura coinciden en que son ingresos precarios.

Con la música a otro lado

Fuentes, cifras, escenarios, recodos. El vasto cantar de la Cuenta Satélite de la Cultura da para enloquecer de atractivos sexis y de atracciones fatales. Una vista rápida a dos elementos más de la actualización lo confirman: la llamada clasificación funcional de los puestos de trabajo y de las economías del sector.

No es por ahorrarme los comparativos desde el 2018, pero (pero) como la composición estructural es de tendencias que poco han cambiado, me centro en lo ocurrido en el año de la crisis sanitaria y del reporte lanzado en últimos días de noviembre de 2022.

Reiteremos que en el aciago año clínico, todo se derrumbó. Dos argumentos nodales en la glosa: cierre de actividades, en consecuencia, falta de movilidad y de presencialidad en altísimos componentes de la actividad sectorial. A cambio, se presume, hubo un incremento brutal en la llamada cultura digital a lo que el encierro nos llevó: activismo supletorio desde casa.

Cierto, las caídas de las economías según los componentes osciló en el año 2020 entre el (-)43.1% de las artes escénicas y espectáculos, seguidas por un (-)27.1% de música y conciertos, hasta el piso de (-)1.7% en la formación y difusión cultural en instituciones educativas.

Dichos eslabones de la clasificación funcional son 10 a su vez subdivididos en 65 áreas, que cubren la gama de actividades económicas de la cultura que integran el PIB, como permite apreciar su distribución en los célebres puestos de trabajo ocupados.

Resulta que en el año 2021, salvo las artes visuales y plásticas que siguieron en tendencia negativa con (-)4.2% (en el año pandémico fue de (-)17.4%), lo demás se repuso. De nuevo se observa lo ya tanteado en los miles de millones de pesos y en los PTO: son datos positivos insuficientes.

Señalemos el caso de las artes escénicas y espectáculos, que sumó 22.5% a favor, o la música y conciertos con 28.4%. Por su lado la afamada producción cultural de los hogares que pasó de (-)13.6% a 12.0%, en tanto que los medios audiovisuales —donde se concentra gran parte de la llamada cultura digital— ¡perdió! en 2020 (-)2.7% y recobró al 3.1%, números que desmienten el providencial aquelarre de "ahora todos somos digitales".

Así las cosas, lo cruento sexi del paseo por esta galería es que, entre los medios audiovisuales, la producción artesanal y la producción cultural en los hogares se concentra el 76.4% del valor del PIB de la cultura. Tareas que se consideran centrales en la construcción del desarrollo cultural del país como artes visuales y plásticas, música y conciertos, patrimonio material y natural y libros, impresiones y prensa, apenas aportan el 6.0%.

En el mismo tenor de voz que secunda barítono, los tres campos indicados agruparon en el año 2020 el 68.2% de los puestos ocupados, en tanto que en 2021 el 58.8%. La baja implicó una redistribución de las otras actividades a la luz, justamente, de los cambios ocasionados por los doce meses de la Covid 19.

Acto seguido, las cuatro actividades que menos aportan al PIB representan, en puestos de trabajo, el 12.4% del total nacional. Desde esa perspectiva, el empleo cultural representó el 3.0 y el 3.1 por ciento en el conjunto de los PTO en el país los años 2020 y 2021, respectivamente.

En los vaivenes de la medición del sector cultural, la pregunta que queda también anémica de respuesta en estas páginas, es cómo ese punto porcentual de diferencia hace asimilables los 144 667 PTO que no se han recuperado desde 2018 y significan los 43 034 rescatados en la actualización del 2021.

Cantinero, sírvame otra copa por favor

Quedarse en la superficie de los vaivenes de las mediciones del sector cultural es bueno para la salud. Sólo gente con formación de minero, buzo o astronauta puede inmiscuirse en las matrices que genera para bien de todas, todos y todes la Cuenta Satélite de la Cultura, como el valioso Sistema de Cuentas Nacionales de México.

Las deudas de aprovechamiento del INEGI, hemos señalado desde hace años, son tantas, que en lo posible seguiremos insistiendo desde la categoría de aprendices.

Por ello a lo largo de este periplo hemos deslizado algunas conclusiones de la actualización vista, con algunos comparativos posibles. Otra concluyente es que la consistencia adquirida por el sector cultural en los ya largos 15 años de medición es invaluable. Visto desde un proceso histórico, México se encuentra a la vanguardia en cuanto a conocimiento del valor de su cultura, en la doble vía sustancial existente: la simbólica y la económica.

También es posible indicar que se reitera un anclaje. Es el que refiere a la imposibilidad de que las políticas tanto públicas, como privadas como del ámbito de la sociedad civil, apuntalen sus acciones con base al enorme instrumental que proporciona el INEGI a través de la Cuenta Satélite. Esta conclusión nace de innumerables medios de captación que un reportero y analista como este escribano concentra con los años.

La tan aplaudida participación de la cultura como pilar del desarrollo sigue en una barca, ahí anclada en la bahía. Lista para zarpar pero confinada a navegaciones en el oleaje posible del puerto.

Es así como se cierra el primer trienio del régimen de la llamada Cuarta Transformación alumbrado por la estadística del sector cultural. Tres años de golpes de timón en la nave principal del viaje lopezobradorista.

Queda en evidencia que, en el primer lugar, el mercado cultural ha sido capaz de sostenerse en pie, pero titubeante, inseguro, imposibilitado de cambiar sus cauces de productividad.

Como soporte del PIB y demás variables de la actividad del sector, se hace acompañar, en segundo lugar, por el empeño de la producción cultural de los hogares. Tampoco despliega mayores posibilidades pero duplica en sus empeños a la gestión pública: ese capítulo que ha perdido miles de millones de pesos de asignaciones presupuestales en tres años de cuatroteismo.

Ya veremos en noviembre de 2023 cómo fue este año 2022, amén de las variaciones que habrán de presentarse como fruto del cambio de año base de 2013 a 2018, asunto que los lectores de esta obra deben tener presente.

No tengo duda de que las tendencias son predeterminadas: ahí seguirán en su ruta el mercado y la producción cultural de los hogares.

Pero en quien más se depositan esperanzas, expectativas como críticas, la famosa gestión pública, aunque no varíe de su 0.2%, seguirá acumulando pendientes como si fuera la única Coca Cola en el desierto de Qatar.

La del estribo

Al cerrar estos *Vislumbres*, gracias a la generosidad de mi amigo y colega GRECU Antonio Mier Hughes, adiciono a este análisis un vistazo al presupuesto federal al Ramo 48, que corresponde a la Secretaría de Cultura. Si el lector tiene la bondad de volver al *Carrusel*, podrá hacer un comparativo básico pero certero de estas aportaciones.

No está por lo demás decir que el INEGI tiene claramente identificado el gasto público en cultura en los niveles federal y estatal. Eso y más se puede ver en Paso libre, dejo aquí el enlace https://pasolibre. grecu.mx/tercera-jornada-de-la-cuenta-satelite/

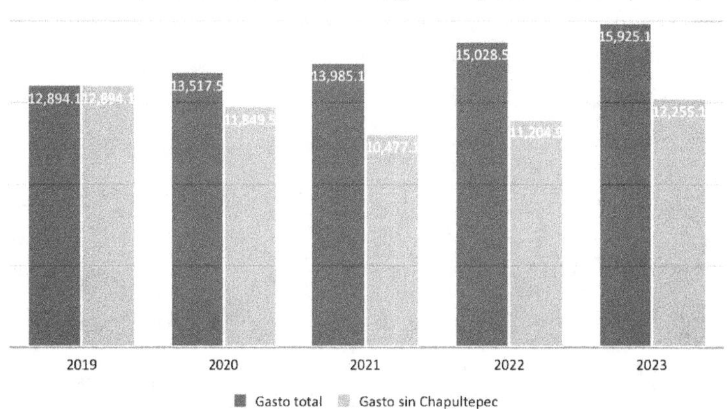

Secretaría de Cultura, Gasto Asignado (Millones de pesos)

El "Gasto Chapultepec", refiere a la megaobra de intervención en la Ciudad de México.

México/Estados Unidos/California/ Canadá: mercados culturales

1 No hay necesidad de sumergirse en las profundidades del mercado cultural que atienden Canadá, Estados Unidos y México. Son socios del T-MEC y el dinamismo de sus productos culturales nos permite saber con bastante certeza en qué bienes y servicios nadamos cotidianamente.

En el caso de México, hemos absorbido mercancías norteamericanas desde el gasto, el significado y por la dependencia que generan. De Canadá, poco.

Como fenómeno nacional, el mercado cultural con EU tiene particularidades binacionales en la larga frontera que compartimos. De ello participan las sociedades con sus comunidades culturales de ambos lados de la línea con un historial digno de escribirse a detalle algún día. Un papel central juega en este escenario California y Baja California.

Las importaciones que México hace de todos los países del orbe cubren un modesto espectro. Algunas naciones hacen negocio con nosotros en la música, el cine, la prensa, en la moda; en innumerables herramientas de trabajo de diseñadores, artistas o desarrolladores digitales.

La lista es larga, se puede leer en las actividades del Sistema de Clasificación Industrial de América del Norte (SCIAN) y en las fracciones arancelarias que regulan el comercio.

En sentido contrario, nuestras exportaciones al mundo cubren escasas áreas: libros, impresiones y prensa, así como audiovisuales; en otras, quizá tan vastas como los hispanohablantes, hay oportunidades a la espera.

El movimiento de los productos culturales se inscribe en las balanzas comerciales de cada país. Por ejemplo, al cierre del año 2022, exportamos a la Unión Americana 455 mil millones de dólares e importamos 324 mil millones de dólares. Entonces tenemos un superávit de 131 mil millones de dólares.

Las curiosidades se imponen cuando se nada en el océano de los números.

Las cuentas son tanteos

La información disponible en el INEGI, en el marco de la Cuenta Satélite de la Cultura, permite acercarnos al pedazo del pastel que corresponde a los sectores culturales de los socios del T-MEC. En ellos se encuentran representadas las economías creativas o lo que llaman industrias creativas, culturales o digitales de las tres naciones.

Tanteemos los músculos. Podemos saber que el PIB cultural de México al año 2021 fue de 3.0% y el de Estados Unidos, al año 2020, de 4.2%. En dólares americanos, al tipo de cambio del mes de diciembre de esos años significa 36 mil 608 para nuestro caso y de 876 mil 665 para el de los vecinos al norte.

Por lo que respecta a Canadá, el PIB al año 2020 fue de 2.7%, es decir, 43 mil 740 millones de dólares. En una arista ilustrativa, el de España al año 2019 fue de 2.5%, es decir, 26 mil 207 millones de dólares.

El acceso del INEGI a las cuentas satélites revela la composición de las importaciones y las exportaciones de los tres socios. Los datos se ajustan al año que les vincula con la actualización al PIB cultural, son aglutinadores del comercio global de cada país y son evidencia del comportamiento de sus debilidades y fortalezas.

En la suma, México puso en juego, en 2021, entre importaciones y exportaciones, 3 mil 705 millones de dólares, en tanto que la Unión Americana alcanzó 100 mil 779 millones de dólares en el año 2020. En ese mismo año, Canadá puso la cifra de 32 mil 613 dólares.

Al leer las áreas de clasificación no resulta sorprendente que sobresalgan los medios y producciones audiovisuales, incluyendo la industria del sonido. (En Ensenada, por ejemplo, se encuentra la legendaria fábrica de guitarras Fender).

Lo que llama la atención es el alto porcentaje de importaciones de joyería, platería, instrumentos musicales y otros de los Estados Unidos. Algo más se puede observar en lo referente a libros, impresiones y prensa, donde el porcentaje es superior al del coloso de Norteamérica.

En la estadística brilla con amplitud el caso canadiense ante el mundo. Entre lo que adquieren y lo que venden, su balanza se equilibra. Son de subrayarse las áreas de artes visuales y aplicadas, como la de gobierno, fundaciones y apoyo profesional.

De más a menos o viceversa, los porcentajes en la composición de las importaciones y exportaciones de los vecinos de Norteamérica dan cause a algunas conclusiones básicas. Si bien se corrobora el predominio de los productos de nuestro principal socio en el marco del T-MEC, también es cierto que nuestros mercados culturales son bastantes modestos en el conjunto de los intereses económicos compartidos.

Otro bando concluyente tiene que ver con lo doméstico. Nuestro comercio interno está atado a numerosos insumos y contenidos creativos de la Unión Americana.

Aunque al revisar el comportamiento del PIB mexicano se observe estable a lo largo de la serie 2008-2021, no significa notoriedad productiva. Debe leerse como un signo de imposibilidad de sustituir importaciones y en consecuencia ser exportadores.

La diferencia en el consumo cultural tiene al menos un elemento de comprensión: el ingreso per cápita por habitante. En EU ronda los 74 mil dólares, en México los 19 mil y en Canadá 62 mil.

Entonces, mientras los gringos pescan en grande el poder adquisitivo mexicano, nosotros hemos carecido de músculo exportador para ganar consumo cultural no sólo con el Tío Sam. Ni qué decir de los habitantes de la hoja de maple. Con nuestros socios como con los demás del universo ha faltado una *dimensión industrial de la cultura.*

Esta curiosidad se refrenda a la luz de las cifras que se aprecian en los miles de millones de dólares de las exportaciones que son de 1 235 millones de dólares de México, contra 64 376 de las americanas y 15 613 de Canadá.

En la ruta contraria, las importaciones de México cifran en 2 470, las de EU en 36 403 y las de Canadá en 17 316 millones de dólares.

Hay una curiosidad más que se ubica no en las conclusiones, sino en los horizontes por desentrañar. Me refiero las regiones donde se ubican las capacidades exportadoras de los tres países.

Los brazos exportadores mexicanos yacen en ciertas entidades, las del norte, por la maquila y los flujos fronterizos de bienes y servicios. No pocos de ellos, por la naturaleza de la vecindad, escapan a los controles oficiales.

Los hay en otros estados, como la Ciudad de México, por la concentración de talento. Los de fuerte componente artesanal, como Michoacán, Jalisco, Guerrero, el Estado de México, Chiapas y Oaxaca, contribuyen con flujos que son casi imperceptibles en los mercados internacionales.

Sabemos que, por la naturaleza del territorio canadiense no tiene muchas vueltas. Quebec, Toronto y Montreal se destacan.

En el caso de los Estados Unidos son dos bastiones: California y Nueva York. En efecto, colindamos al noreste con el primero de ellos. Desde 2007, el afamado Colegio de Arte y Diseño "Otis", con sede en Los Ángeles, elabora anualmente un diagnóstico de la economía creativa del estado sureño.

A lo largo del tiempo "Otis" ha generado diversidad de complicidades para lograr conocer al detalle esa realidad. Es así como el *Informe de economía creativa de California* de 2022 que fue realizado por la consultora CVL Economics, nos guiará entre las curiosidades de ese vasto dominio y especialmente en lo que atañe a la región de San Diego y la zona Imperial, la porción vecina a Baja California y especialmente en interacción con Tijuana.

2 No hay margen de error: de los imaginarios que más pueblan a los mexicanos, corresponden a muchísimas estampas del estado de California.

Las fuentes de donde abrevan las representaciones colectivas son cuantiosas. Diremos por ahora que los bienes y servicios culturales producidos en esa región del sur de los EU, con el insumo de la creatividad, singularizan no sólo la relación entre los países. Gozan de un tremendo historial abrazado por la relación fronteriza con Baja California.

Gracias a mi amigo y colega GRECU Andrés Webster, en ese entonces agregado cultural del Consulado de México en Los Ángeles, supe del Colegio de Arte y Diseño "Otis". Corría el año de 2016 y me invitó a un foro sobre economía creativa. Me enteré de que "Otis" venía de lejos, desde 1918, lo cual le confiere la categoría de ser la primera escuela profesional de las artes.

Desde 2007 "Otis" ha generado reportes sobre economía creativa de California y en especial de Los Ángeles. El año pasado, al estar indagando sobre el sector cultural en Baja California, el propio Webster puso en mis manos el *Informe de economía creativa de California* de 2022 (de 271 páginas)* que fue realizado por CVL Economics. Se trata de una firma "de investigación y desarrollo dedicada a guiar estrategias regionales, bajo un enfoque de resiliencia y sustentabilidad", se apunta en la presentación.

No sorprende el grado de sofisticación, de minuciosidad del informe. No es para menos. Es una extraordinaria fuente de conceptos, cifras y enfoques que solidifican el portento que es la economía creativa de California.

Un estado al que dividen en ocho zonas y de cada una de ellas, bajo el paraguas del fenómeno estatal, podemos acceder al santo y la seña de la actividad sustantiva del muy diversificado sector cultural californiano.

Se sugiere lo anterior, ya que no se dan cuenta de muchas otras aristas sectoriales. Por ejemplo, el número y tipo de unidades

---

* Este texto fue elaborado con la versión del 2022. Sin embargo se encuentra disponible la actualización del 2023. Se accede a este magnífico universo en *https://www.otis.edu/otis-college-report-creative-economy/thank-you-your-interest*

económicas; la aportación de fundaciones y universidades donde el mecenazgo es esencial; la descripción y el papel del gobierno local y federal de la Unión Americana, sobre todo en las políticas fiscales.

El reporte fue financiado por empresas y organismos vinculados al objeto de estudio: City National Bank, Departamento de Cultura de Los Ángeles, Fundación Getty, la Convención de Turismo de Los Ángeles, Moss Adams, Fundación Music Man, Fundación Perenchio, Fundación Ralph M. Parsons y Sony Pictures Entertainment.

Es la abundancia del informe la que impide extendernos de más. Sin duda es un material poco conocido en México y mucho menos explorado para sacarle provecho en beneficio no sólo del mercado común de bienes y servicios culturales. Esperamos que estas breves notas, a las que ha antecedido en la entrega anterior la visión panorámica bilateral de sus sectores culturales, estimulen su difusión y análisis.

De todo como en botica

Traigamos a este espacio algunos párrafos que dimensionan el proceso general de California. Citemos: "El segundo trimestre de 2020 fue el de mayor y más rápida contracción económica en la historia de la posguerra. La caída inicial de la actividad económica fue casi cuatro veces más grande que la calificada como 'Gran Recesión de 2008'.

"Muchos sectores fueron desproporcionadamente afectados por la recesión económica y la recuperación de la trayectoria entre los sectores creativos y la de los componentes de sus subsectores varían significativamente".

Se asegura que "la economía creativa fue responsable de un total regional bruto de valor agregado del producto (value added gross regional product, GRP) de 687.6 mil millones de dólares en 2020, que equivale aproximadamente al 23% del GRP del estado".

Este ámbito de la producción estadounidense emplea directamente a 1.4 millones de personas y en el desarrollo de su cadena alcanza cerca de 3.9 millones de trabajadores en todo el estado. "Estas cifras le ponen por delante de los sectores de gobierno, manufactura, cuidado de la salud y comercio minorista, sectores que, por cierto, a menudo reciben mayores estímulos y políticas para su desempeño".

Por cada 100 empleos en la industria creativa se apoyan 180 puestos de trabajo adicionales en otros sectores de la economía de California.

En otro segmento del informe se entera uno de los desempeños por áreas, como ocurre en la clasificación de la Cuenta Satélite de la Cultura de México y en el sistema similar que aplican tanto Estados Unidos como Canadá para medir su sector cultural.

Se presenta de la siguiente manera:

"Arquitectura y Servicios Relacionados. Fue el más estable en los años posteriores a la Gran Recesión y el más resiliente ante la disrupción económica de la pandemia. El empleo en dicho sector cayó sólo un 2.2% entre 2019 y 2020, donde los puestos de trabajo del área ascendieron a 226 mil.

"Bellas Artes y Artes Escénicas. Pasó de estar entre los de más rápido crecimiento en la economía creativa antes de la pandemia, al ser el de más pérdida de empleo a causa del Covid-19. Su plantilla se contrajo un 19.4% debido al cierre económico, representando sólo 76 mil empleos en todo el estado en 2020.

"Medios Digitales y la Tecnología. Cayeron en rendimiento un 3.3% en 2020, en gran parte debido a los cambios en la producción de entretenimiento y contenido. Pese a ello sigue siendo el sector más sólido de California y empleó a casi un millón de trabajadores en todo el estado, concentrada en gran parte en el condado de Los Ángeles y el área de la bahía.

"Bienes y productos creativos. Los empleos se redujeron en aproximadamente 4 mil, equivalente al 10.4 % en 2020. Este conjunto de actividades emplea alrededor de 35 mil personas.

"Moda. Esta actividad ha venido experimentando un largo y constante declive durante años. Con empleo a 52 mil trabajadores en 2020, experimentó una contracción del 14.4% desde el año anterior al coronavirus.

"Entretenimiento y los medios digitales. Dentro de este grupo el subsector de fotografía y video ha visto un fenomenal crecimiento del empleo, junto con el aumento y expansión de las plataformas de transmisión de video (…) En este caso, desde 2007, se han agregado casi 320 mil empleos, el doble durante un período de 13 años".

Un contenido importante refiere a la comparación con la otra potencia de la economía creativa: el estado de Nueva York. En 2020, California tuvo más del doble de empleos creativos que la entidad competidora, pero la economía creativa de dicho estado aporta más al total de su economía en conjunto, el 46.8%.

Más curiosidades. La ciudad de Nueva York tiene una mayor proporción de economía creativa y puestos de trabajo en relación con Los Ángeles (70.8 % frente a 31.7 %).

Cerremos esta entrega, con algunos de los párrafos del informe que contienen las conclusiones y recomendaciones.

Se dice: "Existe una fuerte relación entre el éxito de las organizaciones sin fines de lucro y las firmas comerciales en la economía creativa. Su economía y actividad combinada tiene efectos indirectos en otras industrias en términos de producción total, valor agregado y empleo".

"(…) Las señales de advertencia de la competencia global se encuentran parpadeando; como la estrategia de California y la infraestructura de políticas para la economía creativa se han dosificado en gran medida, el modelo de política prepandemia para la economía creativa del ecosistema en California ha llegado a su límite, y es hora de un nuevo paradigma que abarque modelos que puedan fomentar resultados más sólidos y posicionar al estado para liderar la economía creativa global en las próximas décadas.

"Dos grandes desafíos requieren un nuevo sentido de urgencia y una estrategia estatal: apoyo al mercado y cultivo de talento.

"El gobierno local y el federal deben facilitar el desarrollo de emprendimientos y pequeños comercios que emergen en las áreas de filmaciones, teatro, música, la tecnología en ámbitos creativos, ya que ellos saben sobre la gestión de cambios rápidos en el sector de los medios digitales.

"California debe de revisar las disposiciones sobre incentivos fiscales en términos de producciones fílmicas y a la televisión, con miras a la naturaleza cambiante de la producción de contenido para garantizar que el estado no pierda la cuota de mercado adicional dada la creciente demanda de VFX (efectos visuales), animación y subsectores del juego.

"También debe observarse que las condiciones de vivienda afectan a los espacios comerciales, pues las microempresas, las organizaciones sin fines de lucro y los emprendedores independientes, se están viendo afectados severamente".

No cabe duda de que estas preocupaciones, como sugerencias, no son muy distantes a lo que en México ocurre y se debería resolver.

En las colindancias del poder

Vienen ahora las puntualizaciones del apartado dedicado a San Diego y la zona Imperial, los vecinos de Baja California y de Tijuana, con sus vasos comunicantes al resto del estado mexicano. Se trata, volvemos a subrayar, de una historia común que habrá de rescatarse un día.

El breve apunte del apartado señala que al año de referencia del informe realizado por CVL Economics se cuentan 89 600 trabajadores en los sectores creativos, que son el 2.3% del empleo total de dicha región de California. El empleo en la economía creativa creció un 4% entre 2007 y 2019, la tercera tasa de crecimiento más rápida entre las ocho regiones en que se divide el estudio.

El entretenimiento y los medios digitales representan el 57% de la base de empleo de la economía creativa y crecieron un 11.1% en este período.

Este apartado se acompaña de siete gráficas. De ellas podemos extraer que la región, al año 2020, fijó los empleos asalariados en 73 748 y los "Self-Employed" en 15 859.

La aportación de la economía creativa de la zona fue de 0.6% del 3.5% de la economía de la zona. En tanto que la distribución por áreas, en el mismo año de 2020, tuvo en predominio del entretenimiento y medios digitales con el 57%.

La arquitectura y servicios derivados sumó 30%, las bellas artes y artes escénicas el 7%, los bienes y productos creativos tomaron el 3% del pastel y otro 3% correspondió a la moda.

En una investigación que realicé por encargo de la Secretaría de Cultura de Baja California (que veremos más adelante) pone en relieve contrastes reveladores. Al caracterizar el sector cultural de la entidad, a partir de las cifras disponibles del INEGI, obtuvimos que el mercado cultural aportó, al año 2021, el 4.2% al PIB del estado, equivalentes a 38 mil 331 pesos corrientes.

También que existen 2 744 unidades económicas y que la población ocupada en el sector sumó en el año de referencia, 56 912. Baja California alcanzó un 8.2% de PIB en 2021, equivalentes a 993 mil 218 millones de pesos.

Tras la lectura del *Informe de economía creativa de California* del año 2022, obtenemos grandes lecciones. Una de ellas es la urgencia de promover un diálogo constante entre la comunidad de interesados en el sector cultural y creativo de México y Estados Unidos. Un intercambio que pasa por conocer los acervos, metodologías, posibilidades de colaboración y demás entrañas que impone la economía cultural.

Otra lección tiene que ver con la necesidad de tomar ejemplo para desarrollar estudios por regiones y por estados en nuestro país. Una más: aprender tanto de las políticas públicas como sobre todo de las privadas, en lo que corresponde al estímulo y valoración de la cultura como "pilar del desarrollo".

También el mensaje es para la comunidad cultural, las autoridades y sobre todo a las universidades de Baja California. Es vital el documentar detalladamente lo que concierne tanto a la historia como a los flujos comerciales que dan dinamismo a la frontera que comparten con California, con San Diego, las zonas Imperiales y por supuesto con Los Ángeles y San Francisco.

Me queda claro que el acervo a rescatar es enorme y que sería útil para alentar el mercado cultural no sólo de las Californias, sino de todo México.

Sector cultural en Baja California: una historia propia

La vida cultural del país ha estado íntimamente ligada a las actividades económicas del sector al que pertenece. Por ello no es atrevido mencionar que el sector cultural siempre ha estado ahí, envolviendo como dando sentido al desarrollo cultural de los estados y municipios de la nación, a sus comunidades por más pequeñas que sean.

Los bienes y servicios culturales, como hace lustros se definen en la estructura de todas las economías, son a la vez revestidos por una amplia diversidad de valores y cargas simbólicas, de definiciones y maneras de apropiación. Valor y significado, para decirlo de otra manera, construyen todo un sistema que por tal razón cuenta con un amplio acervo referencial para su análisis, comprensión y catalogación. Estamos hablando de la historia cultural del país, de quienes han dedicado y dedican sus empeños a realizarla.

La elaboración del Programa Sectorial de Cultura, con base a lo dispuesto en el marco legal que le da sentido, se nutre de una adecuada ponderación de las distintas vías que alimentan una visión sectorial. Como sabemos, la evolución de México condensa una amplia, diversa y genuina actividad cultural que se sustenta en las entidades federativas y sus poblaciones. Con las particularidades que son naturales a la conformación de la república, Baja California cuenta con su propio historial en el sector cultural.

Más allá de documentar los primeros rastros de la vida cultural bajacaliforniana, para fines de este diagnóstico conviene situarse en los albores del siglo XX, con el nacimiento de los centros poblacionales del llamado Distrito Norte, a saber, Ensenada, Mexicali, Tecate y Tijuana. Como sabemos, en el tránsito del siglo XX al XXI, se consolidan los municipios de Playas de Rosarito, San Quintín y San Felipe.

Tres influjos surtieron a la creatividad que se generó en la porción de la península de la que forma parte Baja California. En primer lugar, el que con lentitud provino de distintos puntos del país. En segundo lugar, las migraciones de distintas naciones como China, Rusia y Japón. En tercer lugar, el del sur de los Estados Unidos, particularmente de los estados de Arizona y California. En estas vertientes lo determinante fueron los insumos que detonaron las obras de los primeros artistas e intelectuales del estado, intervenciones que dieron paso a una comunidad cultural.

En efecto, en los primeros lustros del siglo XX la mayor parte de los bienes y servicios para la elaboración de las obras y los productos culturales entraron por las fronteras territoriales y marítimas. Imprentas, papel y tintas, instrumentos musicales, telas, lienzos, pinturas, cerámicas, barros, traducciones de libretos, cámaras de cine como de fotografía, celuloides, líquidos para revelar, ingredientes para preparar alimentos y un sinfín de necesidades tuvieron que ser satisfechas con importaciones legales o por contrabando.

La disposición de esos medios de producción se tradujo en periódicos y revistas, obras de teatro, conciertos, películas, artesanías, bailables, en una gastronomía regional y en una amplia gama de modalidades de cultura, entretenimiento, recreación y esparcimiento. El componente turístico proveniente de la sociedad norteamericana también contribuyó en el dinamismo fronterizo, al que con el desarrollo de las comunicaciones se sumaría el de los turistas nacionales y de muy diferentes países del orbe.

Lejos estamos, en este apartado, de poder ofrecer el cómo se normó ese incipiente pero vital mercado cultural. Mucho valdría la pena documentarlo. Pero lo cierto es que arrancó en un momento dado, convirtiéndose en una actividad económica crucial para el desarrollo del estado.

Esas herramientas para el trabajo creativo como de la oferta cultural llegaron, a la vez, con sus etiquetas simbólicas, con la carga cultural propia de cada país y sobre todo de la nación vecina. De igual forma, sobre todo después de la Revolución mexicana, se acentuaron las distintas etapas de los movimientos migratorios como de colonización que, sabemos, fueron parte de la construcción del ser bajacaliforniano. De esta manera, las expresiones artísticas y culturales y sus comunidades se asentaron con su propio perfil.

En este contexto, en la edificación de las identidades locales, tanto los vestigios del patrimonio arqueológico como monumental, como la herencia de los misioneros españoles, al igual que los pueblos originarios, fueron parte integral del dinamismo social que, al decretarse la calidad de Territorio Federal a Baja California, propiciaron movimientos culturales claramente identificables.

Rasgos para un diagnóstico actual

Al constituirse el estado en 1952, la evolución de las actividades culturales toman el nuevo rol tanto institucional como de participación en la economía de Baja California. Si bien no ha sido documentada la historia del sector cultural, como tan bien se cuenta el acontecer de los movimientos musicales, literarios, dancísticos, teatrales, cinematográficos, periodísticos y demás del ser cultural bajacaliforniano, es factible, para los fines de este diagnóstico, citar algunas particularidades.

Como sucedió en toda la república, el llamado nacionalismo revolucionario, con la cauda del presidencialismo, fijó muchos paradigmas del desarrollo cultural. La centralidad del Estado y su ramillete de políticas públicas, instituciones nacientes y diversidad de programas como de proyectos, otorgó a Baja California las cimientes de su política cultural.

La institucionalización del papel del gobierno en el ámbito de la cultura dio origen a una dirección de Cultura en ese primer sexenio gubernamental de 1952. Poco tiempo después, con el surgimiento de la Universidad Autónoma de Baja California (UABC), la función sustantiva de difusión de la cultura vino abonar este camino.

Es importante señalar que desde esas primeras décadas del siglo XX, y al momento de surgir el estado, el acontecer cultural estuvo fuertemente conducido por la propia iniciativa comunitaria. Al modelo autogestivo de recreación cultural se sumaron sociedades civiles (no como las conocemos ahora, pero con rigores formales genuinos). También tuvo lugar el altruismo tanto local como binacional, así como la actividad del mercado cultural. Hay algunos datos sobresalientes de la época, como es la venta de artesanías y de "curiosidades", la realización de espectáculos escénicos y un abanico de atracciones turísticas que dotaron a las jóvenes ciudades de muchos puestos de trabajo como de ingresos fiscales a las arcas públicas.

La dinámica gubernamental tuvo en instancias señeras del desarrollo nacional un anclaje. Nos referimos a la Secretaría de Educación Pública (SEP), a través del Instituto Nacional de Bellas Artes y Literatura (INBAL) y del Instituto Mexicano del Seguro Social (IMSS). Algunas acciones identificables son las bibliotecas públicas, la edición de libros, la presencia de grupos y artistas de otros estados de la república, así como la impartición de talleres artísticos, al igual que la construcción de teatros con función de auditorios para la promoción del arte escénico.

Es así como el mercado cultural siguió su ruta ascendente. Las noticias alrededor de los primeros sexenios bajacalifornianos, de los años del llamado "desarrollo estabilizador" y de las acciones para atraer inversiones a la frontera, indican que la actividad vinculada a los medios de comunicación dio fuerza al sector cultural bajacaliforniano.

Hablamos de manera destacada de la actividad fílmica, los giros fotográficos, la radiodifusión, la industria musical y discográfica, la naciente televisión, las imprentas, revistas y los periódicos por lo general dependientes de la publicidad y los subsidios a cambio de apoyos a los quehaceres políticos. Este conjunto tuvo su natural afluente con los negocios pares de la vecina California.

Como veremos más adelante, este bloque de actividades, aunque con variantes en su desarrollo, ha sido persistente para dar forma al sector cultural. En la revisión propuesta como parte de este Programa Sectorial de Cultura, se subraya la continuidad a lo largo del tiempo de los giros artesanales, destinados a la reproducción local y a la distribución de artesanías de cuño variopinto nacional, pues no existe una línea propiamente de artesanía de las culturas bajacalifornianas. Se trató y en estos tiempos permanece, de atender una demanda de comunidades mexicanas en el sur de los Estados Unidos, principalmente. Una necesidad de detentar símbolos nacionales de la patria que se ha dejado.

Es así como al llegar los años 70 la política cultural, ligada la visión de la política educativa, otorga importantes subsidios a diversidad de expresiones. En esa década el impulso se incrementa con el flujo de más y distintos programas federales, de agrupaciones intelectuales de carácter nacional necesitadas de corresponsalías, así como por la participación de instituciones de educación superior en los distintos municipios.

Son años 70 de las ondas expansivas del naciente Festival Internacional Cervantino, del Seminario de Cultura Mexicana, de la empresa mixta Baja Films-Cine Pueblo, de la inversión en infraestructura cultural, de la ampliación de estímulos, premios y fuentes de trabajo para la comunidad cultural, por ejemplo, a través del Fondo Nacional para Actividades Sociales (Fonapas), del Gobierno Federal.

Con sus vasos comunicantes con la producción cultural de los hogares de California, gestora natural de numerosos intercambios simbólicos y comerciales, los años 80 toman a Baja California con un incesante proceso de expansión. Nadie duda de que, a pesar de la crisis económica de inicios de los años ochenta, la paraestatal del Gobierno Federal el Centro Cultural y Turístico de Tijuana (Cecut) se erige como un emblema del estado, la ciudad y de toda la frontera norte. Esta presencia avivó variadas cadenas de valor del sector cultural.

Es la expansión de los intereses económicos en la región, sobre todo por el crecimiento de las actividades terciarias, la instalación de la industria maquiladora y el fenómeno migratorio que, al crecer la masa demográfica, también surge la demanda educativa en todos los niveles. Enseñar, investigar y promover la cultura suman para dar vía a instancias como El Colegio de la Frontera Norte y la Universidad Iberoamericana. Desde la política pública se suma la infraestructura del Consejo Nacional de Recursos para la Atención de la Juventud (CREA), el Programa Cultural de las Fronteras y los numerosos subsistemas educativos de la SEP.

Aunque su vocación como epicentro vitivinícola y de innovación gastronómica ya era advertida, el Valle de Guadalupe, en Ensenada, inicia también un crecimiento que al día de hoy sigue sin cesar. Se conforma así un componente de cara a la apertura comercial que se ensancha en la década de los 90, en la llamada etapa neoliberal.

Dos hechos más marcaron la fortaleza de la intervención estatal en el sector cultural al cierre de los años 80. Por un lado, la creación del Instituto de Cultura de Baja California (ICBC) en 1989, cuya instalación daría impulso en los siguientes años al nacimiento de los institutos municipales de cultura. Por el otro, el Consejo Nacional para la Cultura y las Artes y del Fondo Nacional para la Cultura y las Artes.

La combinación institucional vino acompañada de notables incrementos del flujo de los subsidios, donde también ocupó un lugar relevante la política fiscal destinada a incentivar el mecenazgo. Para el sector cultural de Baja California representó un fortalecimiento de las actividades culturales de no mercado o, dicho de otra manera, de la labor cultural no sujeta a las dinámicas comerciales.

A contrapelo, parte de esos subsidios abrazaron el surgimiento de pequeños negocios culturales, aceitaron lo que después se reconocería como el emprendedurismo cultural e hicieron crecer las organizaciones no gubernamentales, ya fuera como donatarias o como simples asociaciones civiles receptoras de apoyos financieros públicos apalancadas de financiamientos de particulares y la prestación de servicios.

Consolidación del sector cultural

Si bien el incipiente Sistema de Cuentas Nacionales de México (SCNM), surgido en 1983 con la instalación del Instituto Nacional de Estadística, Geografía e Informática (INEGI), hoy de Estadística y Geografía y organismo autónomo desde 2008, asumió consolidar las cifras de algunas actividades económicas de la cultura, es con el

Tratado de Libre Comercio de América del Norte, que el sector cultural nacional se identifica plenamente.

La adopción del tratado implicó la creación de un modelo de estructura trilateral, el Sistema de Clasificación Industrial de América del Norte que entró en vigor también en 1994. Dividido en 20 sectores de la producción, perfiló uno de ellos de manera nodal, el número 71 denominado Servicios de esparcimiento culturales y deportivos y otros servicios recreativos.

Ahí se fincó una noción que permanece hasta nuestros días. Tiene que ver con la imposibilidad de fijar como categoría para todas las herramientas del SCNM de los conceptos de industrias culturales e industrias creativas. Igual se determinó un sector, el 72, para concentrar lo relativo al turismo: Servicios de alojamiento temporal y de preparación de alimentos y bebidas, con lo cual se absorbió lo vinculado a turismo cultural y la hoy afamada gastronomía de autor. En 1998 se puso en marcha la Cuenta Satélite de Turismo, para poder desagregar algunas particularidades de dicho universo.

También es cierto que de manera natural muchas actividades de la cultura quedaron diseminadas en otros de los sectores del SCIAN como son: 31-33 Industrias manufactureras 43 Comercio al por mayor 46 Comercio al por menor 51 Información en medios masivos 54 Servicios profesionales, científicos y técnicos 61 Servicios educativos y 93 Actividades legislativas, gubernamentales, de impartición de justicia y organismos internacionales y extraterritoriales.

Por ello, aunque tuvieron que pasar 20 años, se creó la Cuenta Satélite de la Cultura de México (CSCM) en 2014, con base de medición a partir del año 2008. El objetivo fue lograr una adecuada condensación a partir de una metodología avalada internacionalmente. Al establecer una selección de actividades características y conexas, además de alimentarse de otras fuentes del SCNM, se ha logrado una radiografía de enorme precisión del sector cultural.

La ola modernizadora de la economía en el contexto del llamado neoliberalismo, además de la solidez de recursos públicos para subsidiar una parte de la vida cultural del país y por ende de Baja California, para muchos hacedores de la cultura en la entidad significó la fundación y la expansión de negocios. De suyo dominante el mercado cultural, apuntó hacia el siglo XXI con la concentración de sus actividades en Tijuana, muchos negocios ligados a las tecnologías.

Los años dieron rostro a los componentes del sector cultural, mismos que con la Cuenta Satélite de la Cultura de México marcan el rumbo de la planeación y el desarrollo de quienes son parte de este campo de la economía. Estos son la gestión pública y la producción cultural en los hogares, manifestaciones de no mercado; y el mercado con sus unidades económicas, para cuyo análisis contamos con los Censos Económicos y con el Directorio Estadístico Nacional de Unidades Económicas (DENUE), entre otras herramientas.

En las actividades de no mercado entran, por ejemplo, las organizaciones no gubernamentales, las instituciones de educación superior, el trabajo cultural no remunerado, las compras en vía pública, las festividades populares y otras formas de intervención en el sector no ligadas al comercio.

La alternancia política se dio por primera vez a nivel de gubernatura en Baja California en 1989 y en la Presidencia de México en el año 2000. A la distancia estos cambios no implicaron grandes ajustes en las políticas culturales, los aparatos institucionales y sus financiamientos. Incluso durante el lapso de 2007 a 2017, mediante el programa de Apoyo a Instituciones Culturales de los Estados (AICE), popularmente conocido como "presupuesto piso a los estados", las derramas hacia el no mercado del Gobierno Federal, a través de las decisiones del Congreso de la Unión, forjaron un notable crecimiento de la oferta cultural.

Hacia el año 2013 se inició un proceso de ajuste en la economía nacional y en las finanzas públicas y para 2018 gran parte de esos recursos que apuntalaron el gasto público en cultura fueron suprimidos. Aunado a ello, los gobiernos estatales replicaron hacia sus instituciones culturales la anulación. Como consecuencia la actividad cultural disminuyó, con su natural repercusión en los puestos de trabajo, así como en los flujos de donativos y apoyos a las asociaciones civiles.

Durante el periodo de 2019 a 2021 las instituciones culturales públicas y las instancias privadas como sociales de Baja California han tenido que ajustar sus programas de intervención. A la estrechez de recursos públicos por el ajuste propuesto desde la federación al iniciar la administración se sumó la crisis sanitaria mundial de la Covid 19. El mercado cultural resistió de la manera que pudo estos años convulsos para la economía mundial, nacional y en el estado, apalancado por los consumos de la cultura digital, así como por algunas ayudas gubernamentales.

En el contexto del arribo a la llamada Cuarta Transformación, se crea la Secretaría de Cultura del estado y se subordina al ICBC a ella (2019). En tal virtud en Programa Sectorial observa su integración a partir del instituto, ya que es la instancia que cuenta con las atribuciones legales para operar la política cultural y sus programas.

Las directrices culturales de la administración federal que inició en diciembre de 2018 se orientaron al bienestar de las clases más desprotegidas, a lograr el acceso a bienes y servicios culturales a través de nuevos programas, como el de cultura comunitaria y al cabal cumplimiento de los derechos culturales. Al unísono, el Plan Estatal de Desarrollo 2022-2027 estableció las siete líneas políticas bajo el componente de Arte y Cultura para el Bienestar Social.

Ante esta evolución del sector cultural del estado de Baja California, resulta fundamental para la elaboración del Programa Sectorial de Cultura ofrecer como parte sustancial de su fundamentación, un diagnóstico de las principales estadísticas que lo componen, a partir de la información pública disponible en el Sistema de Cuentas Nacionales de México del INEGI. El conjunto obtenido ofrece una base verificable y que podrá ser actualizada cada año.

Es importante subrayar que el siglo XXI marca de manera definitiva la evolución en el análisis económico del sector cultural. Estos esfuerzos han tenido distintas manifestaciones en las instituciones de educación superior mexicanas, al instaurarse, por ejemplo, los estudios de licenciatura en gestión cultural, la promoción de numerosos foros, seminarios, cursos, talleres, foros y líneas de investigación sobre economía cultural.

En las estructuras gubernamentales, particularmente en la etapa del Consejo Nacional para la Cultura y las Artes, primero fueron numerosos estudios y encuestas y después con la consolidación del Sistema Nacional de Información Cultural (SNIC), mismo que se integraría a los campos de acción de la Ley General de Cultura y Derechos Culturales. Dicha labor se encuentra en el ámbito de coordinación de la Secretaría de Cultura Federal, pero con implicaciones para las instituciones culturales de los estados.

Otras aportaciones han venido de las organizaciones no gubernamentales, de la sociedad civil, como desde los organismos internacionales, particularmente desde la Unesco.

Este fenómeno ha tenido algunas manifestaciones en Baja California. Se pueden mencionar estudios e investigaciones a nivel de educación superior, la organización de cursos y talleres, los foros dedicados a la economía creativa y la denominación como Ciudad Creativa por la Unesco a Ensenada. A nivel municipal, hay ejemplos sobre aplicación de indicadores de la Unesco en Mexicali, al igual que sobre consumos culturales; en Tijuana, se elaboró un mapa sobre industrias creativas.

Entre estos esfuerzos, sin embargo, no se cuenta con una caracterización del sector cultural. Hay al menos tres razones para tal situación. Una de ellas, la deficiente difusión de la cultura estadística; otra, el escaso interés de los cuerpos académicos y finalmente la ausencia de una política económica para el sector cultural ya fuera desde el ámbito de la misma política cultural o en transversalidad con la política económica.

A pesar de la ausencia de este corpus económico para alentar el pilar del desarrollo que supone la cultura, el sector se muestra con notable vigor en la economía del estado. La actual administración se ha propuesto incorporar de manera definitiva esta asignatura pendiente y responder, con los medios accesibles, al estímulo de la economía cultural y las industrias creativas.

Para lograrlo, a través de este Programa Sectorial de Cultura, por primera vez, se ofrece un diagnóstico que, en consecuencia, perfila un conjunto de problemáticas cuya atención animan los proyectos del Plan Estatal de Desarrollo.

El sector cultural en Baja California: una aproximación

Lo que a continuación se presenta no replica la estructura de la Cuenta Satélite de la Cultura; se ha inspirado en ella, operando con la información disponible para ofrecer la caracterización más puntual del sector cultural de la entidad, particularmente de las actividades de mercado.

Áreas de la Cuenta Nacional relativas al gasto público, el patrimonio material y natural, a la formación y difusión cultural en instituciones educativas y sobre la producción cultural en los hogares, no forman parte de la valoración presentada.

1. Estimación de la contribución económica del sector cultural en Baja California

De inicio se presentan el conjunto de datos que describen la posición de Baja California en distintos aspectos de la economía y la cultura. La entidad ocupa la posición 11 en cuanto a la población total nacional, la 16 por su número de unidades económicas y la 7 por su Valor Agregado Bruto (VAB).

Para calcular la contribución al sector económico de la cultura de Baja California al total nacional, se consideró el dato de la estimación del PIB que publica la Cuenta Satélite de la Cultura de México para el año 2021[*], obteniendo una contribución del 5.2%.

En lo sucesivo, se utilizará de manera indistinta el término de Producto Interno Bruto (PIB) en lugar de VAB, dado que el componente contable que hace distintos a ambos términos no forma parte ni de las estimaciones presentadas, ni de los saldos contables del Sistema de Cuentas Nacionales que se utilizan como denominadores de la CSCM ni del Producto Interno Bruto de los Estados (PIBE) ni de la matriz de insumo-producto.

---

[*]. 736 725 millones de pesos corrientes.

Figura 1. Participación de Baja California en México.

Año	Descripción	Unidad de medida	Dato	Participa -ción en el país
2020*	Población total	Personas	3'769,020	3.0%
2021*	Personas ocupadas	Personas	1'750,932	3.2%
2020*	Matrícula de nivel superior	Personas	140,457	3.1%
2021*	Hogares con internet	Hogares	910,338	3.7%
2021*	Hogares con televisor	Hogares	1'080,836	3.2%
2021*	Hogares con radio	Hogares	488,254	2.7%
2022*	Unidades económicas	Unidades	125,975	2.3%
2018*	Gasto monetario trimestral	Millones de pesos corrientes	42,686	3.9%
2021*	Valor Agregado Bruto (VAB)	Millones de pesos corrientes	923,218	3.8%
2021**	Contribución a la cultura	Millones de pesos corrientes	38,331	5.2%

Fuente:

* Elaboración propia con información de INEGI y la Asociación Nacional de Universidades e Instituciones de Educación Superior.

** Estimación propia de la contribución económica del sector de la cultura a partir del VAB; el total nacional corresponde al publicado por la Cuenta Satélite de la Cultura de México (CSCM) que elabora el INEGI.

De este primer cuadro se desprende, por ejemplo, que el en el estado habitan 30 de cada mil mexicanas y mexicanos, se concentra a 32 de cada mil personas ocupadas en el país y que se aporta 5 de cada cien pesos del PIB que genera el sector cultural en México.

Figura 2. Participación de la cultura en Baja California.

Año	Descripción	Unidad de medida	Sector de la cultura	Participa-ción en la entidad
2021	Personas ocupadas	Personas	56,912	3.3%[1]
2020	Matrícula de nivel superior	Personas	16,360	11.6%[2]
2022	Unidades económicas	Unidades	2,744	2.2%[3]
2018	Gasto monetario trimestral	Millones de pesos corrientes	2,063	4.8%[4]
2021	Contribución al PIB	Millones de pesos corrientes	38,331	4.2%[5]

Fuente: El dato del sector de la cultura en cada rubro es la estimación propia de este estudio y se detalla en el apartado correspondiente. Para el denominador se utilizó la información de ANUIES (porcentaje 2) y de INEGI (porcentajes 1,3,4 y 5).

La estimación al año 2021 sobre la contribución económica del sector cultural en el PIB de la entidad es de 38,331 millones de pesos (mdp), lo cual equivale al 4.2% en el PIB de Baja California, que en dicho año fue de 923,218 mdp.

Figura 3. Contribución del sector de la cultura al PIB de Baja California, 2021.

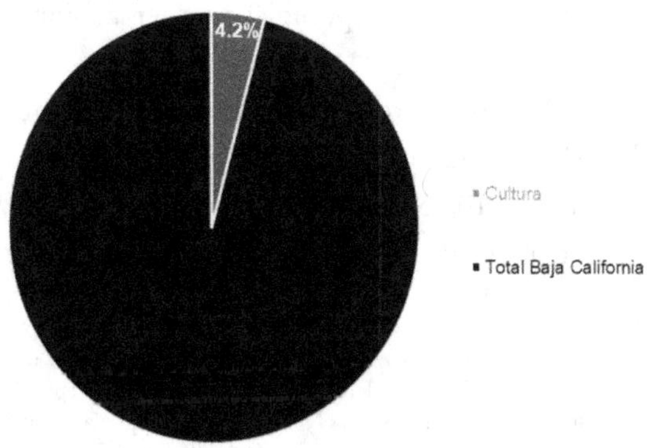

Fuente: Estimación propia para el valor del sector de la cultura de Baja California e INEGI para el PIB de la entidad.

Al comparar dicha cifra con otras actividades económicas de la entidad tenemos, por ejemplo, que es equivalente a 0.4 veces el VAB que genera el sector de la construcción, o bien, 1.8 veces el VAB que generan los servicios financieros en dicho estado[**].

En esa perspectiva, se estima que el sector cultural genera cada hora 4.4 millones de pesos; que trabajan 33 de cada mil personas y que 12 de cada 100 alumnas y alumnos de nivel superior estudian una carrera relacionada con el sector.

Valor Agregado Censal Bruto

Los Censos Económicos (CE) constituyen una fuente de información imprescindible para conocer la actividad económica de municipios, entidades y el país en su conjunto.

Debido a que los CE también están codificados con el SCIAN, para elaborar la estimación del Valor Agregado Censal Bruto del sector cultural de Baja California, se aprovechó el clasificador de la Cuenta Satélite como insumo principal para poder llevarla a cabo.

Sin embargo, se realizó una conversión entre el SCIAN 2013 y el SCIAN 2018, debido a que la CSCM al igual que todo el SCNM están calculados con el año base 2013 y por lo tanto usan el SCIAN versión 2013 aunque los últimos CE disponibles ya estén codificados con el SCIAN 2018.

Para el año 2018, se estima una contribución económica del sector cultural en el Valor Agregado Censal Bruto de la entidad de 3.7%, lo cual se traduce en 10,855 mdp corrientes. Esto es equivalente al VACB que generó el sector de Servicios de alojamiento temporal y de

---

[**]. El PIB del sector de la construcción en 2020 asciende a 76,223 millones de pesos (mdp) corrientes y el sector de servicios financieros de acuerdo con INEGI reportó 20,425 mdp corrientes en el mismo año de acuerdo con el Sistema de Cuentas Nacionales de México. PIB de las entidades federativas por actividad económica/Baja California (PIBE).

preparación de alimentos y bebidas o casi el triple de lo que generó el sector Servicios de salud y de asistencia social.

Esto permite a su vez estimar que en 2018, 37 de cada mil pesos que generaron de valor agregado los establecimientos censados de Baja California, provinieron del sector cultural.

La siguiente tabla exhibe la forma como se utilizaron los factores e insumos, dependiendo la categorización de cada clase SCIAN para efectuar la estimación.

Figura 4. Metodología de cálculo de la estimación del VACB por clase SCIAN.

Caso	Procedimiento
1: Clases Características con información censal para Baja California	Se consideró el total del VACB para Baja California
2: Clases Características con reserva; Conexas; y Conexas sin reserva con información censal para Baja California	Al VACB de Baja California se aplicó el factor cultural
3: Clases sin información censal para Baja California o con VACB negativo en Baja California, pero con establecimientos reportados en Baja California en DENUE	Al VACB nacional se aplicó el factor cultural y posteriormente el factor de contribución de Baja California
4: Clases relacionadas con artesanías	Se aplican los criterios del anexo E para identificar establecimientos que elaboren artesanías, la cantidad se divide entre los establecimientos de la clase del total nacional y se multiplica por el VACB nacional
5: La clase SCIAN 611311 Escuelas de educación superior del sector privado. Esta es la única clase adicional al clasificador de la CSCM del INEGI	Como se detalló en el apartado 1.1.3 sobre la formación cultural, se cruzó la identificación de carreras con el DENUE y ese factor se aplicó al VACB de la clase para Baja California

La siguiente gráfica muestra la distribución porcentual del VACB del sector cultural en Baja California en el año 2018; las dos áreas con mayor contribución son los Medios audiovisuales y el Diseño y servicios creativos, que aportan el 61% y el 16% respectivamente. Estas tendencias, es importante agregar, van en las líneas observadas en la contabilidad nacional.

Figura 5. Distribución porcentual del VACB estimado por área general de la cultura, 2018.

Fuente: Estimación propia.

Se considera necesario hacer una mención especial en cuanto al área de Patrimonio material y natural, haciendo énfasis en que únicamente se considera la actividad económica del sector privado de las siguientes clases SCIAN; lo anterior con la intención de emular hasta donde la información pública lo permite el espectro cubierto por la Cuenta Satélite de la Cultura.

Confección en serie de disfraces y trajes típicos; bibliotecas y archivos del sector privado; museos del sector privado; jardines botánicos y zoológicos del sector privado; asociaciones y organizaciones civiles; montaje de estructuras de concreto prefabricadas; fabricación de productos a base de piedras de cantera; comercio al por menor de disfraces, vestimenta regional y vestidos de novia y comercio al por menor de antigüedades y obras de arte.

Lo anterior implica que no está contabilizado en este estudio ninguna actividad de gobierno enfocada en alguna de las formas de patrimonio: material, inmaterial o natural; o bien, el desarrollo gastronómico o vitivinícola que se da por ejemplo en el Valle de Guadalupe.

De esta forma en el año 2018, 61 de cada 100 pesos que generaron de valor agregado los establecimientos culturales censados de Baja California, se relacionan con los Medios audiovisuales.

Producto Interno Bruto

Si bien la estadística básica que se puede generar a partir de los Censos Económicos ofrece una amplia y detallada cobertura de establecimientos, industrias y productos, el Sistema de Cuentas Nacionales a través de la estadística derivada que realiza, cubre de manera exhaustiva la totalidad de la actividad económica, incluso la que no se capte en los Censos Económicos por el diseño estadístico propio de dicho instrumento.

El ejercicio realizado para integrar el diagnóstico del Programa Sectorial de Cultura, permite una mirada al pasado, con el objetivo de apreciar el trayecto del sector cultural en la entidad. Es así que en el año 2013 el SCNM reportó un Valor Agregado Bruto (VAB) a nivel nacional de 15 642 620 millones de pesos corrientes; también a nivel nacional, reportó un VAB del sector económico de la cultura de 548 566 millones de pesos; y para la entidad de Baja California un VAB de 465 525 millones de pesos.

Más a detalle, en el año 2020 se estima que 63 de cada cien pesos del PIB que genera el sector cultural proviene de los Medios audiovisuales, en tanto que 8 de cada cien pesos de dicho PIB que genera el Diseño y los servicios creativos a nivel nacional, provienen de Baja California.

Para el año base 2013, se estima un PIB del sector cultural en Baja California fue de 15 120 mdp, lo cual es equivalente al 3.2% del

PIB de la entidad. Esta cifra es similar a 0.7 veces el PIB que genera el sector de Transportes, correos y almacenamientos, o bien, a 1.4 veces el PIB que genera el sector Servicios de alojamiento temporal y de preparación de alimentos y bebidas de dicha entidad.

Figura 6. Estimación del PIB del sector de la cultura en Baja California por áreas, 2013.

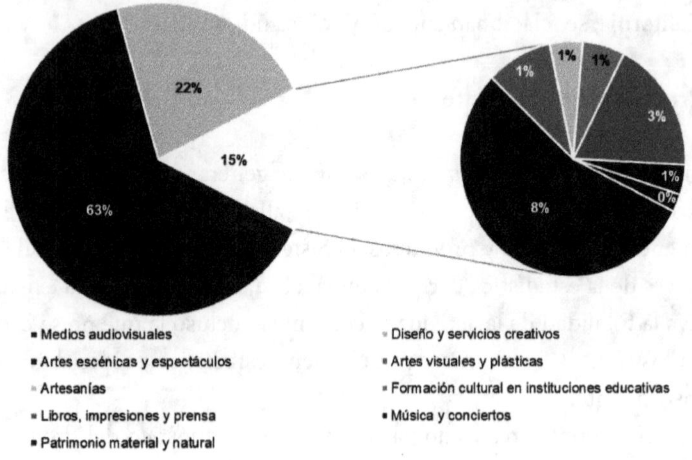

Fuente: Estimación propia.

Figura 7. Metodología de cálculo de la estimación del PIB por clase SCIAN.

Caso	Procedimiento
1: Clases Características con información censal para Baja California	Se multiplicó el PIB de la clase nacional por el factor de contribución de Baja California
2: Clases Características con reserva; Conexas; y Conexas sin reserva con información censal para Baja California	Se multiplicó el PIB de la clase nacional por el factor cultural, y posteriormente por el factor de contribución de Baja California
3: Clases sin información censal para Baja California o con VACB negativo en Baja California, pero con establecimientos reportados en Baja California en DENUE	Se multiplicó el PIB de la clase nacional por el factor cultural, y posteriormente por el factor de contribución de Baja California vía número de establecimientos
4: Clases relacionadas con el comercio	Se multiplicó el VACB de Baja California por el factor cultural
5: Clases relacionadas con artesanías	Se aplican los criterios del anexo E para identificar establecimientos que elaboren artesanías, la cantidad se divide entre los establecimientos de la clase del total nacional y se multiplica por el PIB Nacional
6: Clase SCIAN 334310 Fabricación de equipo de audio y de video	En lugar de multiplicar el factor de la contribución de Baja California por el PIB de la clase nacional; se multiplica por el promedio entre el PIB de la clase nacional y el VACB nacional
7: La clase SCIAN 611311 Escuelas de educación superior del sector privado. Esta es la única clase adicional al clasificador de la CSCM del INEGI	Como se detalló en el apartado 1.1.3 sobre la formación cultural, se cruzó la identificación de carreras con el DENUE y ese factor se aplicó al VACB de la clase para Baja California

Figura 8. Estimación de la contribución porcentual del PIB del sector cultural en Baja California.

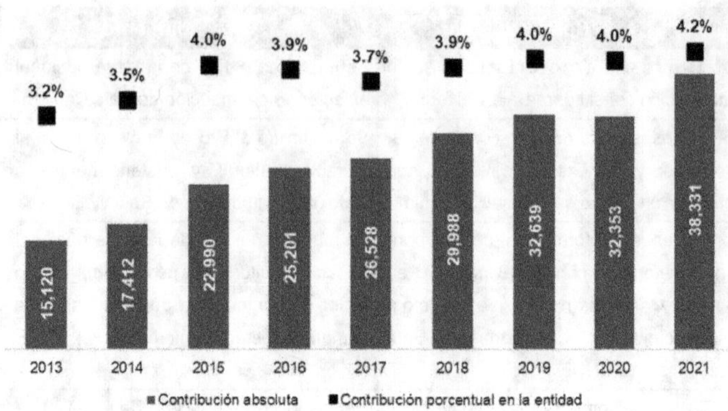

Fuente: Estimación propia para el numerador y datos de INEGI para el denominador.

Se puede concluir que, entre el 2013 y el año 2021, el sector cultural ha contribuido en promedio con el 3.8% del PIB de Baja California.

2 Estimación del empleo cultural en Baja California

Para llevar a cabo la estimación, se realizaron los acercamientos a partir de las personas ocupadas y no a partir de la unidad económica en donde laboran.

Esta consideración es fundamental porque implica que es posible comparar la estimación con los totales de la entidad que publica el INEGI a través de los tabulados básicos de la Encuesta Nacional de Ocupación y Empleo (ENOE).

Ante ello, al año 2021 mientras que 39 de cada 100 personas ocupadas en el estado son mujeres, 27 de cada 100 personas con ocupaciones culturales en Baja California son mujeres. Por lo que respecta a los hombres, 39 de cada mil hombres ocupados desempeñan una labor relacionada con la cultura.

Se destaca que en el año 2021, 56,912 personas desempeñaron una ocupación relacionada con la cultura, lo cual representó el 3.3% del total de la ocupación en la entidad.

Figura 9. Estimación del empleo de la cultural en Baja California, 2019 y 2021.

| | Personas ocupadas | | | Estructura porcentual | | | |
Año / Segmento	Hombres	Mujeres	Total	% Hombres	% Mujeres	% Total	Mujeres / Total
2019							
Nacional	33,265,952	21,348,597	54,614,549				39.1%
Baja California	1,049,639	698,628	1,748,267	3.2%	3.3%	3.2%	40.0%
Culturales ampliado	35,840	14,036	49,876	3.4%	2.0%	2.9%	28.1%
Culturales en primera ocupación	33,446	13,341	46,787	3.2%	1.9%	2.7%	28.5%
Culturales solo en segunda ocupación	2,394	695	3,089	0.2%	0.1%	0.2%	22.5%
2021							
Nacional	33,634,660	21,531,205	55,165,865				39.0%
Baja California	1,063,935	686,997	1,750,932	3.2%	3.2%	3.2%	39.2%
Culturales ampliado	43,095	16,255	59,349	4.1%	2.4%	3.4%	27.4%
Culturales en primera ocupación	41,350	15,562	56,912	3.9%	2.3%	3.3%	27.3%
Culturales solo en segunda ocupación	1,745	692	2,437	0.2%	0.1%	0.1%	28.4%

Fuente: Estimación propia con información de INEGI.

Para realizar la estimación, se analizó el Sistema Nacional de Clasificación de Ocupaciones en sus versiones 2011 y 2019 para identificar las relacionadas con el sector cultural; así como el SCIAN hogares para sus versiones 2007 y 2018, esto último con la intención de calcular la matriz que sugiere Unesco para identificar la ocupación cultural.

Figura 10. Estimación de la matriz de empleo cultural de Unesco en Baja California.

| Primeras ocupaciones culturales y no culturales por Tipo de industria (Absolutos) | | | | Estructura porcentual | |
Año / Tipo de Ocupación	Industrias Culturales	Industrias No Culturales	Total		
2019	**20,688**	**1,727,579**	**1,748,267**		
Ocupaciones Culturales	12,097	34,691	46,787	0.7%	2.0%
Ocupaciones No culturales	8,592	1,692,888	1,701,480	0.5%	96.8%
2021	**17,316**	**1,733,615**	**1,750,932**		
Ocupaciones Culturales	11,970	44,943	56,912	0.7%	2.0%
Ocupaciones No culturales	5,347	1,688,673	1,694,020	0.3%	96.4%

De acuerdo con el INEGI, en el caso de la primera ocupación en el año 2021, cinco de ellas concentran el 52% de las ocupaciones culturales: con el 23% desarrolladores y analistas de software y multimedia. Luego, empatados con el 8% respectivamente arquitectos, planificadores urbanos y del transporte; diseñadores gráficos; músicos; y con el 6% carpinteros, ebanistas y cepilladores en la elaboración de productos de madera.

En el año 2021 de acuerdo con la segunda ocupación, cuatro de ellas concentran el 64% de las personas que desempeñan ocupaciones culturales en su segunda ocupación: con el 27% músicos; con el 17% fotógrafos; con el 11% decoradores de interiores, jardines y diversos materiales (tazas, llaveros, etcétera); y con el 10% instructores en estudios y capacitación artística.

Para la estimación de ocupaciones culturales relacionadas con las artesanías, se consideraron en su totalidad las siguientes: artesanos de productos de bejuco, vara, palma, carrizo y mimbre, excepto madera; artesanos y trabajadores en la elaboración de productos de papel y cartón; tejedores de fibras y trabajadores en la elaboración de productos de hueso, concha, coral y similares.

La siguiente gráfica resume el comportamiento de las ocupaciones culturales en la entidad y hace visible las segundas ocupaciones con desempeño en ocupaciones culturales; se destaca un incremento en la contribución porcentual del año 2021 respecto al 2019, pasando del 2.9% al 3.4% en Baja California.

Figura 11. Ocupaciones culturales y porcentaje de contribución de las ocupaciones culturales en Baja California, 2019 y 2021 por trimestres.

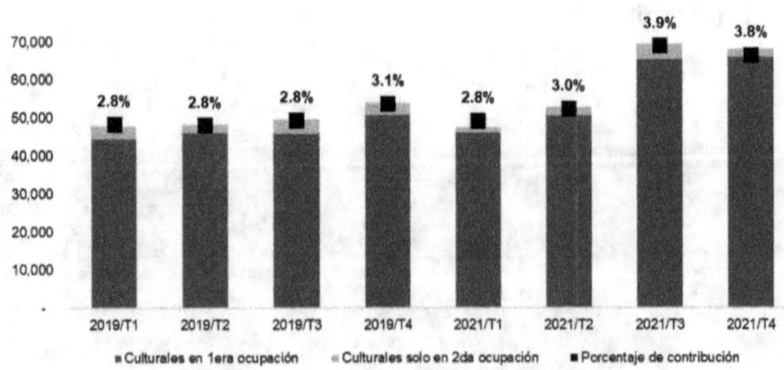

Fuente: Estimación propia con información de INEGI.

3 Establecimientos culturales

La utilidad de este apartado radica en la elaboración de un recuento de los establecimientos que se pueden asociar directamente al sector cultural. Para llevar a cabo dicho inventario, se utilizó como punto de partida el clasificador por actividad económica SCIAN de la Cuenta Satélite de la Cultura de México.

A su vez se consideró el Directorio Nacional de Unidades Económicas que es un compendio de los establecimientos fijos y semifijos en el territorio nacional. Se les clasifica a nivel de punto geográfico de acuerdo con el producto que le genere mayores ingresos o el que requiera mayor cantidad de personal ocupado en una y solo una clase de actividad económica SCIAN.

Tanto el DENUE como el clasificador de la Cuenta Satélite utilizan el SCIAN, sin embargo, mientras que el DENUE utiliza la versión del año 2018, la Cuenta Satélite utiliza la del año 2013; para considerar una base homogénea, se utilizaron las tablas de conversión que publica el INEGI para realizar el empate.

La Cuenta Satélite define en su metodología dos categorías de actividades económicas de la cultura: por un lado las características y por otro las conexas. Además de tomar en cuenta lo anterior, el diagnóstico realizó una subdivisión adicional consistente en identificar dentro de las clases SCIAN características, aquellas que de incluir la totalidad de su producción o establecimientos, podríamos incurrir en una sobrestimación.

Por ejemplo, de incluir la clase característica 813230 Asociaciones y organizaciones civiles, se estarían considerando también establecimientos como refugios, albergues, comisariados o ejidos por mencionar algunos ejemplos. A este tipo de actividades económicas las identificamos como "características con reserva".

En el extremo opuesto, cuando dentro de las actividades económicas conexas era posible identificar la producción de los establecimientos mayoritariamente relacionada con el sector cultural, se le denominó como "conexa sin reserva". Por ejemplo, la clase 465915 Comercio al por menor en tiendas de artesanías.

En tal virtud, en el año 2022, 29 de cada 100 establecimientos relacionados con la cultura se dedican a elaborar o a comercializar artesanías.

En el año 2022 el estado de Baja California reportó un total de 125,975 establecimientos, de los cuales 10,904 correspondieron a las clases SCIAN definidas por la CSCM para la conformación del sector.

Sin embargo, aplicando la depuración de este estudio se obtiene como resultado un total de 2,744 establecimientos dedicados a la cultura, lo cual equivale al 2.2% del total de establecimientos en la entidad.

La siguiente gráfica permite observar si el número de establecimientos en 2019 fue mayor o menor que el reportado para el año 2022 por áreas de la cultura. Destacan en cuanto a las variaciones positivas tanto las artesanías como el diseño y servicios creativos; y en relación con las disminuciones, sobresalen libros, impresiones y prensa y música y conciertos.

Figura 12. Número de establecimientos culturales por área, 2019 y 2022.

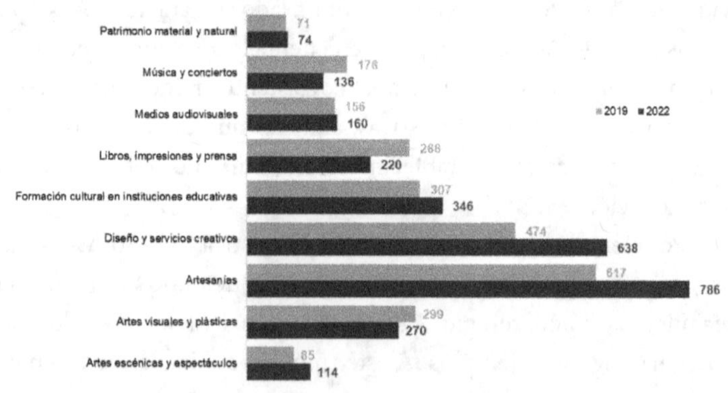

Fuente: Estimación propia con datos de INEGI.

La siguiente gráfica muestra la cantidad de unidades económicas por municipio entre el 2019 y el 2022; en cuanto a incremento de éstas sobresale Tijuana, mientras que Ensenada es el municipio donde se perdieron más establecimientos entre dichos años.

Figura 13. Número de establecimientos culturales por municipio, 2019 y 2022.

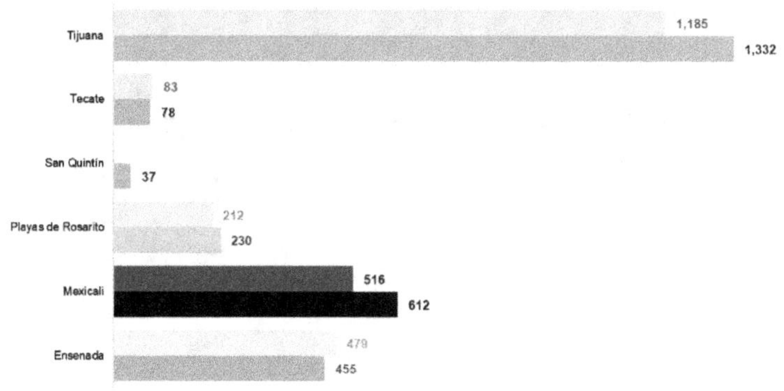

Fuente: Estimación propia con datos de INEGI.

Esta información permite apreciar que en 2022, 49 de cada 100 establecimientos relacionados con la cultura se encuentran en Tijuana.

El siguiente elemento gráfico exhibe la distribución porcentual de unidades económicas por área de la cultura para cada municipio. En los municipios de Ensenada, Playas de Rosarito y Tecate destacan las artesanías; en Mexicali y Tijuana el diseño y los servicios creativos; y en San Quintín hay un empate entre la formación cultural en instituciones educativas y el diseño y los servicios creativos.

Figura 14. Vocación de establecimientos por área de la cultura y municipio, 2022.

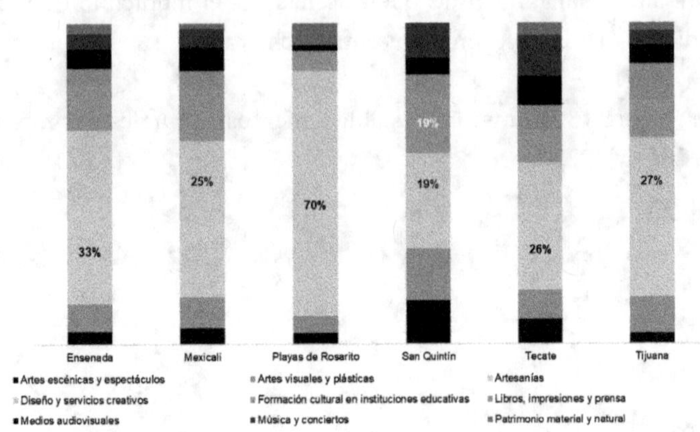

Fuente: Estimación propia con datos de INEGI.

En el año 2022, 60 de cada 100 establecimientos relacionados con la formación cultural en instituciones educativas se concentra en Mexicali.

Un aspecto a destacar es el hecho de que 34 de estos negocios tienen un rango de personal ocupado de 251 y más personas, como es el caso de Taylor Musical e Instrumentos Musicales Fender.

Pero sobresale en particular la concentración de prácticamente la mitad de los establecimientos del país con este rango de personal ocupado en la actividad económica 334310 Fabricación de equipo de audio y de video, ubicando establecimientos como Bose Better Sound, Harman de México, Hisense Electrónica, LG Electronics Mexicali o Samsung Mexicana entre otras.

Una herramienta que permite ver la presencia de las unidades económicas es el Mapa Digital de México que ofrece el INEGI.

4 Gasto en productos culturales seleccionados

El gasto en productos culturales representa una medida más enfocada en la utilización que en la oferta, y constituye un referente adecuado para conocer algunas preferencias del mercado. A través de la Encuesta Nacional de Ingresos y Gastos de los Hogares (ENIGH) se puede acceder a gastos asociados al sector cultural.

En la siguiente gráfica podemos observar la distribución del gasto total realizado en bienes y servicios culturales en Baja California, siendo los relacionados con los medios audiovisuales como el pago de los paquetes de internet[***], televisión de paga y el gasto en cine los que representan 72 de cada 100 pesos.

Figura 15. Distribución porcentual del gasto en productos culturales en Baja California, 2018.

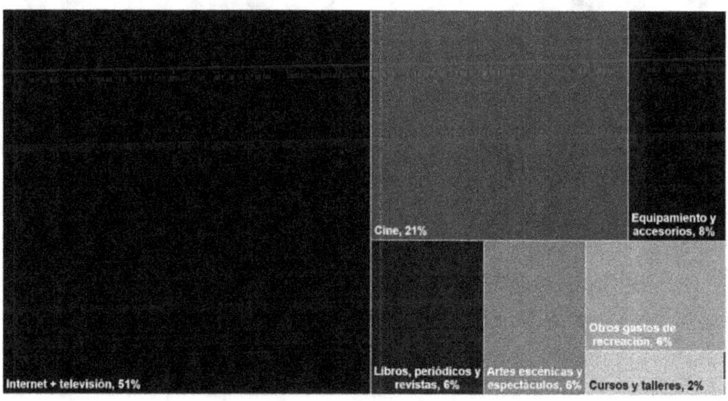

Nota: Los bloques en el extremo inferior derecho de la gráfica se refieren a festividades y a instrumentos musicales con menos del 0.1 por ciento respectivamente.

*** De acuerdo con el manual del entrevistador de la ENIGH, se refiere a lo que gastó el hogar para pagar el último recibo por el servicio de Internet y teléfono o Internet, teléfono y televisión de paga; o Internet y televisión.

Fuente: Estimación propia con datos de INEGI.

Ahora bien, si se considera además al número de hogares que lo realizaron, se obtiene el gasto promedio por hogar.

Se destaca que en el año 2018, el gasto de los hogares de la entidad en paquetes de internet y teléfono fue 1.6 veces mayor que el efectuado en cine.

Figura 16. Distribución porcentual del gasto promedio por hogar en productos culturales en Baja California, 2018.

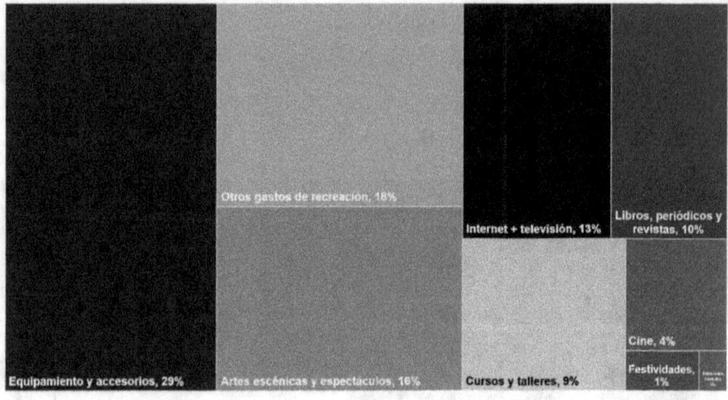

Nota: El bloque inferior derecho se refiere a instrumentos musicales con 0.4 por ciento.
Fuente: Estimación propia con datos de INEGI.

Como se puede observar, la mayor proporción se encuentra en equipamiento y accesorios, con 29 de cada 100 pesos. En este rubro se encuentran productos como televisores, reproductores de música, videojuegos, bocinas o audífonos, entre otros.

En segundo lugar se ubica el rubro de otros gastos de recreación en donde se encuentran erogaciones en museos, ferias, juegos mecánicos, balnearios, boliche, servicios de series y películas por Internet, entre otros. El monto representa un gasto de 18 de cada 100 pesos para los hogares de Baja California.

El tercer conjunto con mayor proporción es el de artes escénicas y espectáculos en donde se encuentran los flujos dirigidos a teatros y conciertos o en espectáculos deportivos. Esta categoría representa 16 de cada 100 pesos gastados en cultura por los hogares.

Figura 17. Distribución porcentual del gasto promedio por hogar en productos culturales en Baja California por estrato socio-económico, 2018.

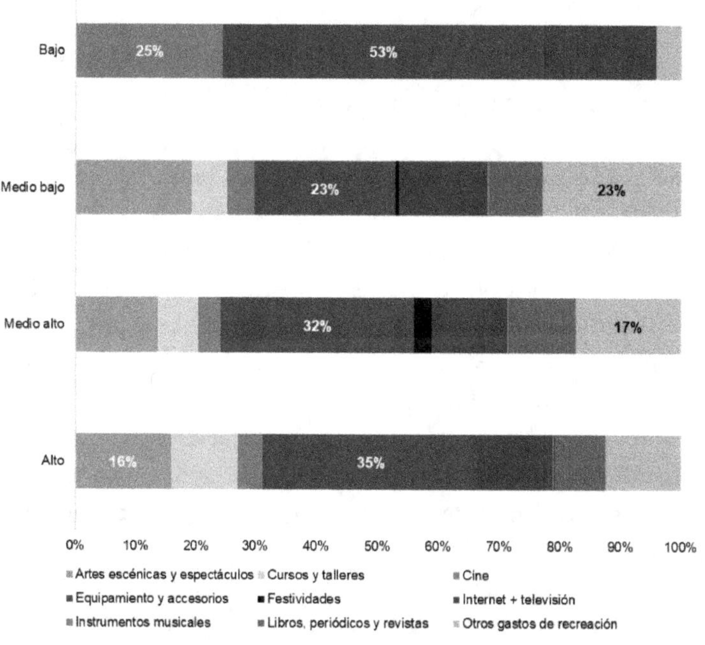

Fuente: Estimación propia con datos de INEGI.

En esta gráfica se puede observar el comportamiento del gasto promedio del hogar por estrato socioeconómico, sobresaliendo los dos rubros más altos para cada capa. En la misma podemos advertir que si bien el equipamiento y accesorios representan el rubro de erogaciones con la mayor proporción en promedio de los hogares, tiene distinta participación en el gasto total de cada estrato.

En los hogares de estrato alto de ingreso representa 35 de cada 100 pesos, mientras que en los hogares de estrato medio alto y medio bajo representa respectivamente 32 y 23 pesos de cada 100, y para los hogares de estrato de ingresos bajo representa casi 53 de cada 100 pesos.

El gasto realizado en artes escénicas y espectáculos es el segundo conjunto en proporción solo para los hogares de estrato alto. Para los hogares de estrato medio alto y medio bajo el segundo conjunto de gasto en proporción es el que corresponde a otros gastos de recreación, mientras que para los hogares de estrato de ingreso bajo es el cine el segundo rubro con la mayor proporción.

5 Asistencias a espacios culturales seleccionados

El Módulo sobre Eventos Culturales Seleccionados (MODECULT) permite saber, entre otras variables, la asistencia nacional ocurrida en ciertos espacios culturales. La metodología establece el mes de mayo de cada año para su anuncio. Por ello la contabilidad cubre 12 meses de un año al otro de la muestra.

Mientras que en los doce meses reportados entre los años de 2019 y 2020 se registró un total de 43.2 millones de asistentes, en los doce meses siguientes, del 2020 al 2021, el número descendió a 17.3 millones[****].

De acuerdo con la misma fuente, en la siguiente tabla podemos apreciar la caída y la recuperación anual por tipo de evento cultural.

[****] INEGI. MODECULT. Presentación de resultados de mayo de 2022.

Figura 18. Población al total nacional que asistió a eventos culturales seleccionados (millones).

Evento	Asistentes a los 12 meses reportados al			Variación anual	
	2019	2020	2021	2020	2021
Concierto/música en vivo	18.2	3.7	13.7	-80%	270%
Espectáculo de danza	12.1	1.5	4.8	-88%	220%
Exposición	12.5	3.0	7.5	-76%	150%
Obra de teatro	11.9	2.8	4.7	-76%	68%
Proyección película/cine	37.7	13.8	36.2	-63%	162%

Fuente: Elaboración propia con datos de la Presentación de resultados de Mayo 2022 del MODECULT.

En esa perspectiva, la Afluencia Total de Visitantes por Entidad Federativa a Museos y otros Eventos con relación al año 2021, fue emitida por el INEGI en junio de 2022. Mientras que el total nacional fue de 16 437 983, Baja California, con 19 museos, registró el 0.8% nacional. Hablamos de 101 112 visitantes a exposiciones y 29 204 a otros eventos.

Para robustecer este apartado se tomó información de dicha fuente y de la Estadística de Visitantes del Instituto Nacional de Antropología e Historia (INAH).

Respecto a la primera de las fuentes al año 2021 se seleccionaron 16 tabulados básicos como relevantes para este diagnóstico, a partir de las principales características de los recintos y sus visitantes.

Figura 19. Temas sobre museos y asistentes a museos en Baja California.

Museos según infraestructura
Museos según capacidad de la institución
Museos según características de la colección permanente
Museos por afluencia según visitantes
Número de actividades según mes de ocurrencia
Personal laborando en la institución y área de participación según tipo de personal y sexo
Visitantes según edad y sexo
Visitantes según edad y estímulo familiar
Visitantes según escolaridad y sexo
Visitantes según nacionalidad y entidad de residencia habitual
Visitantes según lenguas e idiomas que habla
Visitantes según medio de transporte utilizado para llegar al recinto
Visitantes según medio para enterarse del recinto
Visitantes según servicios utilizados
Visitantes según motivos de la visita
Visitantes según motivos para no visitar

Fuente: Elaboración propia con información de estadísticas de museos de INEGI.

La siguiente gráfica exhibe para el año 2021 la distribución de museos de acuerdo con la vocación para exposiciones permanentes. Del total nacional destacan las de arte con el 61% y de Etnografía/Antropología con el 20%; mientras que para Baja California sobresale la Etnografía/Antropología con 45% seguidos de arte con el 36%.

Figura 20. Distribución de museos por características de la colección permanente, 2021.

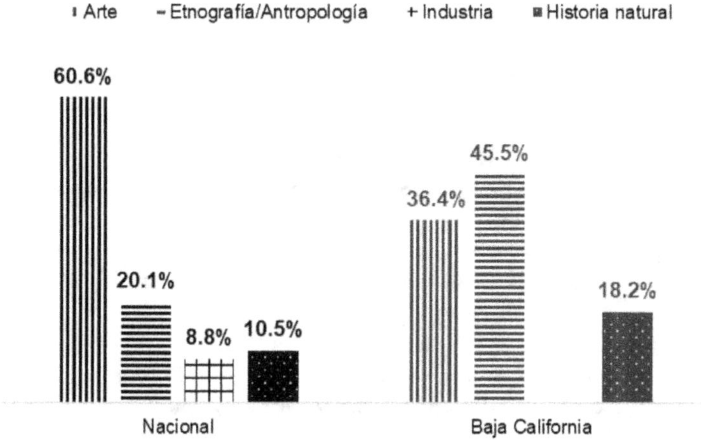

Fuente: Elaboración propia con datos de INEGI.

El siguiente gráfico aborda el nivel de afluencia de visitantes. Tanto en el país como en Baja California la mayor parte de los museos reciben visitantes en un rango de 0 a 1,000, lo que significa que en el total nacional el 50.1% de museos tienen dicha oscilación. Para Baja California la cifra es de 52.6%.

Figura 21. Distribución de museos por afluencia de visitantes, 2021.

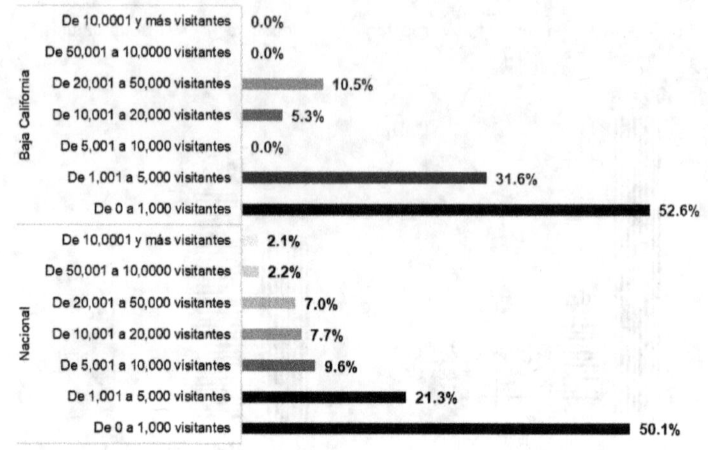

Fuente: Elaboración propia con datos de INEGI.

Acto seguido, de esta afluencia la distribución a nivel estatal se concentra en la franja de entre 25 a 34 años tanto para los hombres como mujeres, distribuyéndose en un 33.8% para mujeres y del 26.0% para hombres. En contraposición, los estratos con menor afluencia de visitantes es el de 12 a 17 años con 3.5% para las mujeres y 2.8% para hombres.

Figura 22. Distribución de visitantes en Baja California por edad y sexo, 2021.

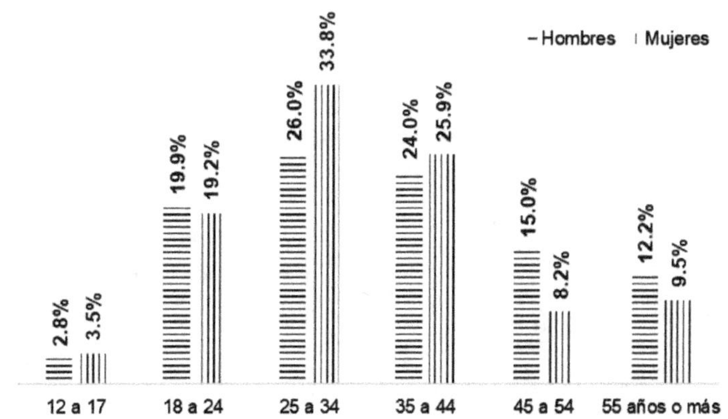

Fuente: Elaboración propia con datos de INEGI.

Con relación a los principales motivos de visita a los museos, se concentraron en los siguientes rubros: cultura general, aprender, conocer la exposición y para acompañar a alguien, aportando en conjunto el 73.2% de la afluencia de visitantes. En cuanto al resto de motivos, si bien participan con un menor porcentaje, es importante destacar la razón de entretenimiento y/o diversión, el cual aporta el 12.8%.

En cuanto a los motivos de asistencia en Baja California, se puede apreciar en la siguiente gráfica que los principales fueron por acompañar a alguien, cultura general y conocer la exposición, que en conjunto aportan el 57.2%. También destacan los motivos de aprender y entretenimiento y/o diversión con un 16.0% y 14.6 por ciento respectivamente.

Figura 23. Distribución de visitantes a museos en Baja California por motivo principal, 2021.

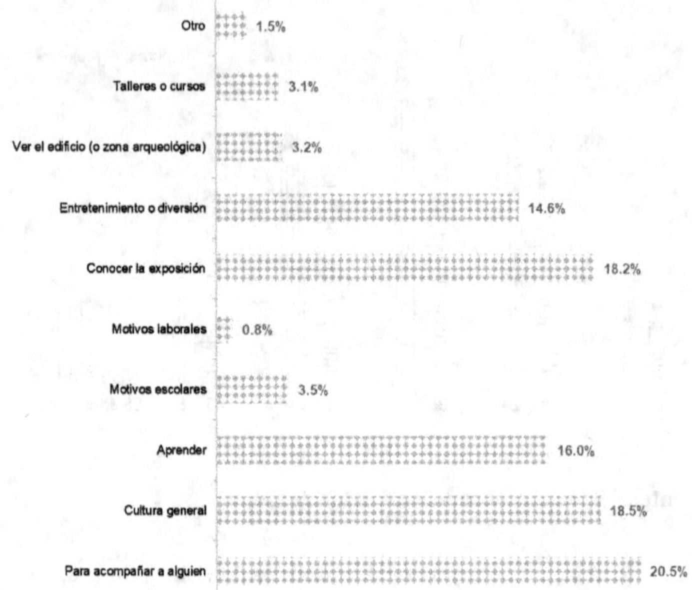

Fuente: Elaboración propia con datos de INEGI.

Para concluir este apartado, a continuación se aprovecha la información de Estadísticas de visitantes del INAH, que reporta datos sobre los visitantes a la zona arqueológica de El Vallecito que, de acuerdo con dicho instituto, los lugareños la ubican como La cueva del indio. Se localiza en Tecate y en el año 2021 recibió 4,371 visitantes, de los cuales el 99.6% fueron nacionales.

La siguiente gráfica muestra la desagregación de acuerdo al tipo de boletaje de los visitantes, destacando el 51.8% por entradas dominicales (gratuitas), el 19.4% por boleto pagado y en tercera posición, los estudiantes de nivel básico con el 12.5%.

Figura 24. Distribución de visitantes a El vallecito por tipo de boletaje, 2021.

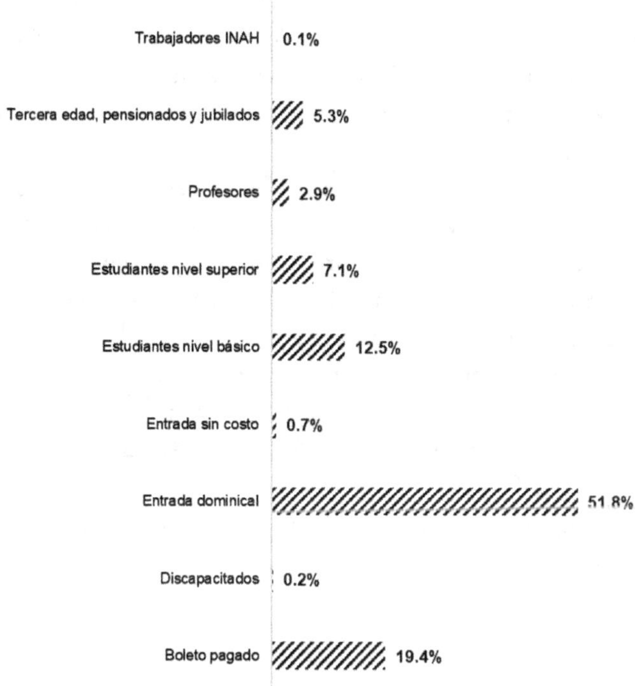

Fuente: Elaboración propia con datos del INAH.

6 Programas educativos relacionados con la cultura

La formación profesional se considera un aspecto relevante en la visión integral del sector. De las distintas ofertas educativas provienen los creadores en las distintas ramas del quehacer artístico e intelectual, como también la amplia variedad de ocupaciones laborales.

De la información que proporciona la Asociación Nacional de Universidades e Instituciones de Educación Superior (ANUIES) se extrajo la correspondiente al ciclo escolar 2020-2021. La clasificación define Licenciatura en educación normal, Licenciatura universitaria y tecnológica y Técnico superior; conjunto que en lo sucesivo del estudio denominaremos como nivel superior.

El mosaico de alternativas en Baja California se integra en 37 instituciones educativas; a su vez subdivididas en 133 campus, escuelas o planteles dispersos en la entidad, y de los cuales 69% son particulares y el 30% son públicos. Estas instituciones ofrecen 891 programas educativos, de los cuales 133, casi el 15%, corresponden a programas vinculados al sector cultural.

La matrícula estudiantil del nivel superior en la entidad asciende a 140 457 alumnas y alumnos; de estos, 16 360, es decir, 12 de cada 100 se encuentran en programas relacionados con la cultura. Y mientras que 5 171 alumnas y alumnos estudian en instituciones del sector privado, 11 189 lo hacen en instancias públicas.

De acuerdo con el nombre de la carrera y en algunos casos, analizando el objetivo del programa educativo o bien, el perfil de egreso, se clasificaron las carreras en los ámbitos que definen la Unesco y el INEGI.

Figura 25. Programas educativos relacionados con el sector cultural, por ámbito y total de matrícula en Baja California.

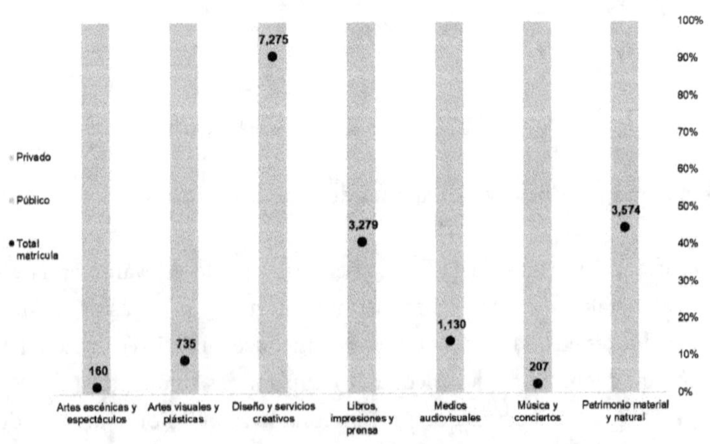

Fuente: Estimación propia con datos de ANUIES.

Veamos por ejemplo que, en el año 2020, por cada alumna o alumno en el nivel superior que estudia danza, hay 52 en arquitectura.

Cada barra de la gráfica muestra el porcentaje de la matrícula que estudia en el ámbito público o privado y el total de alumnas y alumnos para cada una de las áreas culturales de estudio.

La mayor proporción de la matrícula se encuentra en las áreas de diseño y servicios creativos con 44.5%, seguido de los programas educativos relacionados con el patrimonio material y natural con 21.8% y los programas que se relacionan con el área de libros, impresiones y prensa con 20%. En conjunto estas tres áreas agrupan al 86.4% de la matrícula vinculadas al sector cultural.

De los inscritos en programas culturales 7 de cada 10 están en instituciones educativas públicas y 3 de cada 10 en centros particulares.

Adicionalmente, en las instituciones educativas públicas la matrícula en las licenciaturas relacionadas con los libros, impresiones y prensa tienen el segundo lugar con una matrícula de 2 885; mientras que en el ámbito privado, el patrimonio material y natural ocupa la segunda posición con 1 281 alumnas y alumnos.

De ahí que el 70% de los planteles educativos de nivel superior que ofrecen programas del sector cultural sean particulares, mientras que el 68% de la matrícula cursa esas opciones en instituciones públicas.

7 Equipamiento cultural

A continuación se detalla la presencia o disponibilidad de diversos bienes relacionados con la circulación de contenidos culturales. Este rubro es posible gracias a la Encuesta Nacional sobre Disponibilidad y Uso de Tecnologías de la Información en los Hogares (ENDUTIH) y de los Censos de Población y Vivienda en sus versiones más recientes.

De la ENDUTIH se identificaron como útiles 15 tabulados básicos por entidad federativa para los años 2020 y 2021, destacando indicadores sobre el equipamiento cultural de los hogares por rubros como la edad, escolaridad, lugar de acceso y principales usos.

Figura 26. Tabulados sobre equipamiento cultural en Baja California.

Equipamiento de tecnología de información y comunicaciones, según tipo de tecnología
Hogares que disponen de Internet, según medio de conexión
Hogares que disponen de televisor, según tipo de equipo
Usuarios de internet, según grupos de edad
Usuarios de internet, según nivel de escolaridad
Usuarios de internet, según lugar de acceso
Usuarios de internet, según principales usos
Usuarios de computadora, según nivel de escolaridad
Usuarios de computadora, según lugar de acceso
Usuarios de computadora, según principales usos
Usuarios de televisión abierta, según sexo
Usuarios de televisión abierta, según tipo de contenido visto
Usuarios de radio
Usuarios de radio, según lugar para sintonizarla
Usuarios de radio, según tipo de contenido de los programas escuchados

Fuente: elaboración propia con información de ENDUTIH. INEGI.

De acuerdo con la ENDUTIH la variación anual entre el 2020 y el 2021 en el equipamiento de los hogares presentó cambios más evidentes en la disponibilidad de internet. En el total nacional el incremento fue de 13.7%, mientras que en Baja California fue de 10.2%. En contraste, la disponibilidad de radios en el país disminuyó (-) 3.0% y (-) 4.3%, respectivamente.

Figura 27. Variación anual del equipamiento en los hogares, 2020-2021.

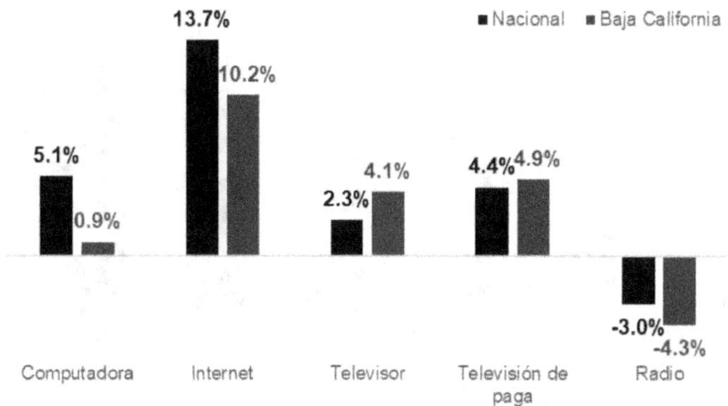

Fuente: elaboración propia con información de INEGI.

Los principales usos del internet también presentan variaciones significativas entre 2020 y 2021, siendo la interacción con el gobierno[*****] a nivel nacional y estatal la que destaca, con un incremento del 38.9% y 36.4% respectivamente.

Por otro lado, los usos de internet con la mayor caída en su variación anual para Baja California fueron los pagos con tarjeta de regalo o vale de prepago[******] en línea con una caída del (-)52.9%, los pagos con CoDi (-)39.6%, descargas de software o aplicaciones (-)2.6% y los servicios en la nube con (-)20.8 por ciento.

[*****] De acuerdo con el cuestionario de la ENDUTIH se refiere entre otros usos a la comunicación con las unidades de gobierno, la realización de trámites o la consulta de información del gobierno.

[******] En términos generales el concepto hace referencia a reservar en una aplicación o plataforma, una determinada suma de dinero como disponible antes de asignarle un uso concreto o de que se requiera un pago.

Figura 28. Variación anual de usuarios de internet por principales usos, 2020-2021.

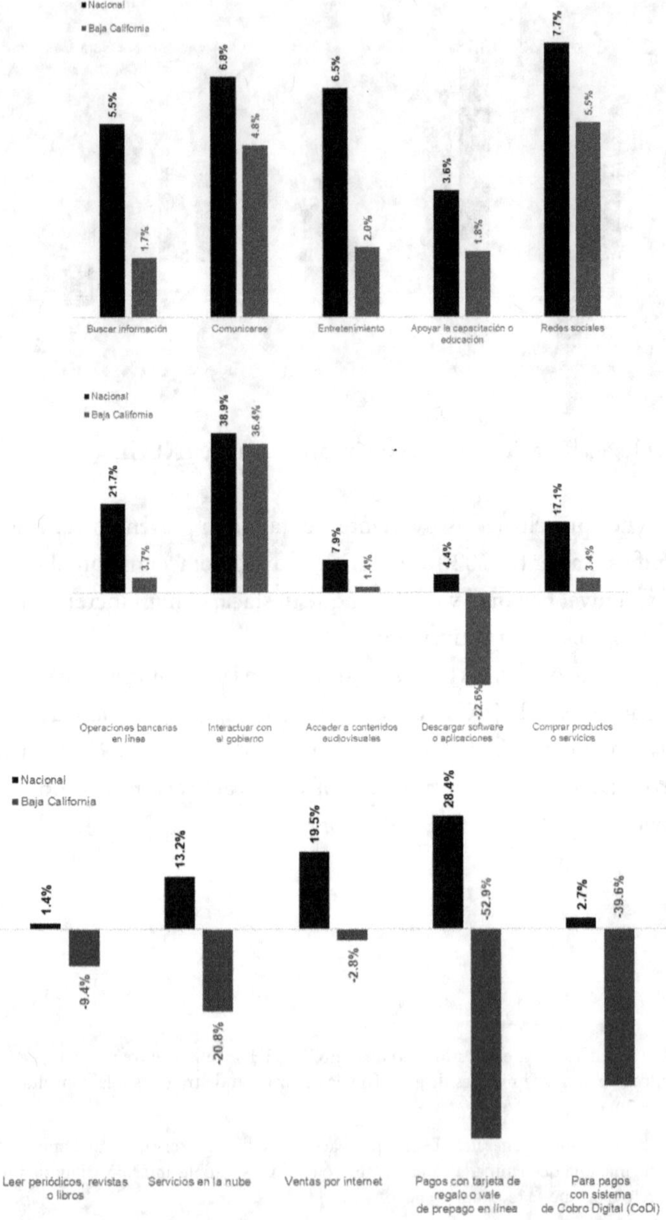

Fuente: elaboración propia con información de INEGI.

En lo que respecta a los usuarios de televisión abierta por tipo de contenido, podemos observar en la siguiente gráfica que el mayor crecimiento en la entidad fueron los religiosos con 23.1% y las telenovelas con 7.9% respectivamente; por su parte los contenidos con mayor decrecimiento en la entidad fueron los reality show con una caída de (-)22.7% y los gubernamentales con (-)18.6%.

Figura 29. Variación anual de usuarios de televisión abierta por contenido visto, 2020-2021.

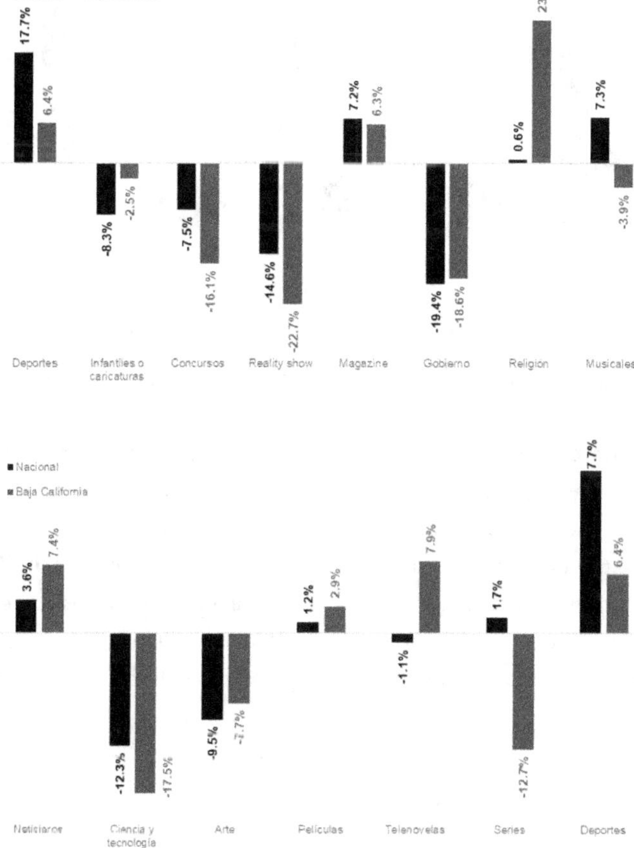

Fuente: elaboración propia con información de INEGI.

En lo que corresponde a la variación anual de usuarios de la radio también por contenidos, el deporte presenta el mayor crecimiento, con 15.8% en el país y 13.9% para el estado; mientras que el los vinculados al arte cayeron (-)4.9% en el total nacional y (-)1.7% en Baja California.

Figura 30. Variación anual de usuarios de radio por programa escuchado, 2020-2021.

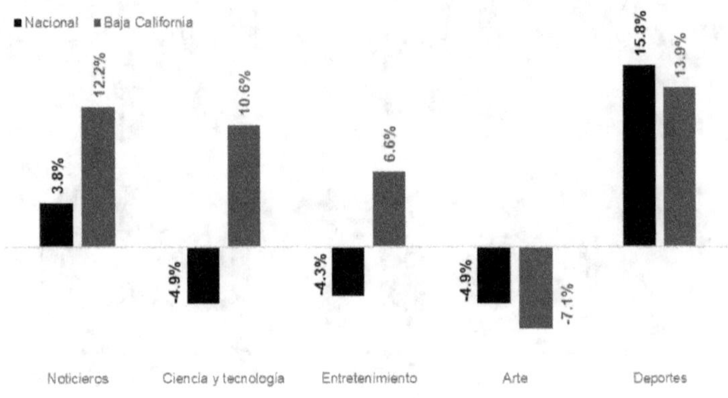

Fuente: elaboración propia con información de INEGI.

En cuanto a la información sobre equipamiento cultural de los Censos de Población y Vivienda 2020, los dos bienes con mayor disponibilidad por vivienda en Baja California son el televisor, presente en 93.6% de las viviendas; y el internet, disponible en el 69.9%; en contraparte, solo el 19.0% cuenta con alguna consola de videojuegos.

Esta fuente de información presenta resultados que permiten conocer el comportamiento del equipamiento cultural por municipio.

Figura 31. Porcentaje de viviendas que cuentan con el recurso, 2020.

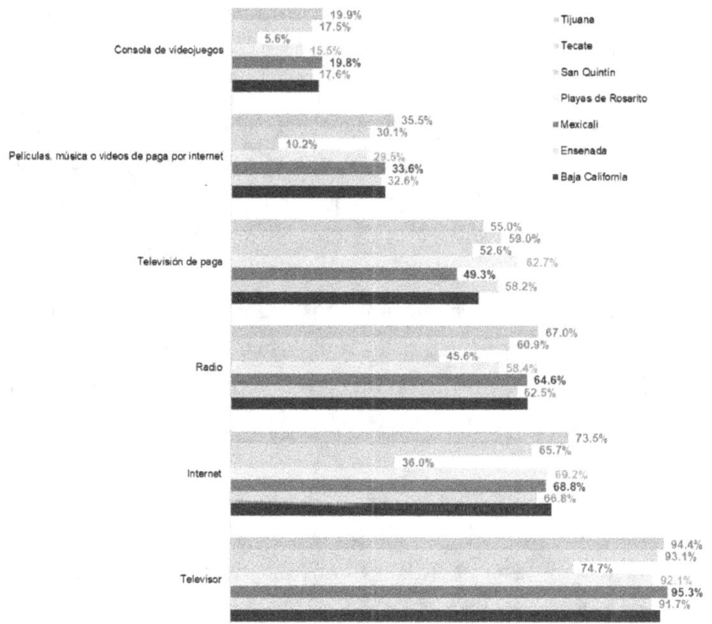

Fuente: elaboración propia con información de INEGI.

Corresponde al municipio de Tijuana contar con la mayor disponibilidad de equipamiento cultural, mientras que el de San Quintín es el que presenta el menor porcentaje.

8 Comparativos con otras entidades

A continuación se presentan algunos escenarios comparativos que resultan útiles para ubicar en mejor dimensión el diagnóstico presentado.

Baja California

• Es la cuarta entidad con el mayor número de unidades económicas dedicadas al comercio al por menor de artículos usados, con 2 839, detrás de Tamaulipas, Estado de México y Veracruz.

• Cuenta con el mayor número de establecimientos dedicados a la fabricación de equipo de audio y video, con 32. Le siguen Nuevo León y Tamaulipas que cuentan con 10 unidades económicas dedicadas a esta actividad cada entidad.

• El número de establecimientos dedicados a la exhibición de películas y otros materiales audiovisuales en Baja California es 35. Esto es, la misma cantidad que suman Baja California Sur, Durango, Nayarit y Zacatecas.

• Los establecimientos dedicados a la edición de música se reparten en 16 de las 32 entidades del país, y Baja California es una de estas entidades con una unidad dedicada a esta actividad.

• Ocupa el décimo lugar en el número de establecimientos dedicados a la transmisión de programas de radio, con 60.

• El número de bibliotecas y archivos del sector privado en Baja California asciende a 9, misma cantidad que la suma de unidades con las que cuentan Aguascalientes, Baja California Sur, Tabasco, Tamaulipas y Tlaxcala.

• Ocupa la décima posición en el número de establecimientos dedicados a los servicios de arquitectura con 109 unidades económicas.

• Tiene 181 unidades vinculadas a las actividades de diseño y decoración de interiores, en diseño gráfico y en diseño de modas y otros diseños especializados, cifra similar a los establecimientos de estas actividades en Aguascalientes, Colima y Nayarit.

• Ocupa el lugar 10 en el número de agencias de publicidad, con 140.

• El número de establecimientos dedicados a los servicios de fotografía y videograbación en Baja California es de 207, cifra similar a la que suman Campeche, Colima y Durango, de 206.

• Ocupa el octavo lugar en escuelas de arte del sector privado con 208.

• Ocupa el sexto lugar con 29 museos del sector privado, detrás de Ciudad de México (67), Puebla (43), Jalisco (40), Oaxaca (38) y Guanajuato (31).

• Es la segunda entidad con la mayor proporción de viviendas particulares habitadas que disponen de internet, con 69.9% solo después de Ciudad de México con 75.7 por ciento.

• Es la segunda entidad con la mayor proporción de viviendas particulares habitadas que disponen de consola de videojuegos, con 19 de cada 100 viviendas, solo después de Ciudad de México con casi 20.7 de cada 100.

• Es la segunda entidad con la mayor proporción de viviendas particulares habitadas que disponen de servicio de películas, música o videos de paga por internet con 33.6%, solo después de Ciudad de México con 34.8 por ciento.

• Es la quinta entidad con la mayor proporción de viviendas particulares habitadas que disponen de servicio de televisión de paga con 54 de cada 100 viviendas, solo detrás de

Campeche (58.3), Sonora (57.4), Querétaro (57.2) y Baja california Sur (57).

• Es la novena entidad con la mayor proporción de viviendas particulares habitadas que disponen de televisor (93.6%).

Agradecimientos especiales

Sin el Colectivo *Culturatría*, integrado por Miroslava Martínez González, Carlos Andrés Pelestor Franco y Manuel Pérez Tapia, todo el componente estadístico hubiera sido imposible.

Desde muy diferentes frentes informativos, prestaron invaluable apoyo Marcela Danemann, Fernando Gómez Pintel, Virginia Laguna, Eduardo Nivón Bolán, Lucy Ortega Villa, Ava Ordorica, Adrián Orostico, María Isabel Peredo, Guadalupe Rivemar, Gabriel Rivera, Carlos Fabián Sarabia Quiroz, Leobardo Sarabia Quiroz, María Antonieta Urías y Andrés Webster Henestrosa.

Índice